SECRET OF SALES

DIETER MENYHART

SECRET OF SALES

Die Erfolgsstrategien der BIG Player

werdewelt Verlags- & Medienhaus GmbH

© 2016 werdewelt Verlags- & Medienhaus GmbH
ISBN 978-3-9817208-5-3

Impressum

Herausgeber: Dieter Menyhart
Verlag: werdewelt Verlags- und Medienhaus GmbH
Lektorat: werdewelt GmbH
Satz & Layout: werdewelt GmbH
Foto Umschlag: werdewelt GmbH
Druck: CPI books GmbH

Alle Rechte vorbehalten. Die Verwendung der Texte und Bilder, auch auszugsweise, ist ohne schriftliche Zustimmung des Verlages urheberrechtswidrig und strafbar.

INHALT

Editorial	6
Kapitel 1 - Daniel Moschin	23
Kapitel 2 - Fredy Portmann	43
Kapitel 3 - Roger Wüthrich-Hasenböhler	61
Kapitel 4 - Jürg Stupp	77
Kapitel 5 - Daniel Périsset	95
Kapitel 6 - Uwe Tännler	109
Kapitel 7 - Peter Zeier	121
Kapitel 8 - Marcel Burkart	135
Kapitel 9 - Sandro Cattaneo	147
Kapitel 10 - René Gonthier	157
Kapitel 11 - Armin Baumann	177
Kapitel 12 - Urs Minder	189
Kapitel 13 - Pascal Seeger	197
Kapitel 14 - Adrian Näf	211
Danksagung	221
Herausgeber - Dieter Menyhart	223

EDITORIAL

WOHIN GEHT DIE REISE IM VERKAUF?
Kein Beruf hat sich in den letzten Jahren so radikal verändert wie der Verkauf.

Kunden sind immer besser informiert und damit anspruchsvoller geworden. Mit einem Klick im Internet erhalten Interessenten Tausende Informationen über Produkte und Hersteller. In den Unternehmen selber findet ein grosser Wandel statt. Das Job-Karussell dreht sich immer schneller. Langjährige Ansprechpersonen verlassen die Firmen kurzfristig oder übernehmen intern eine andere Funktion. Einkaufsprozesse werden professionalisiert und oft zentralisiert und stellen den Verkauf damit ebenfalls vor neue Herausforderungen.

Für uns Verkäufer bedeutet dies, dass wir nicht wissen, was unsere Kunden morgen von uns erwarten. Verkäufer können sich nicht mehr darauf verlassen, dass die Rezepte von gestern auch in Zukunft funktionieren. Das erfordert eine hohe Bereitschaft zum Wandel. Allerdings sieht die Welt in der Praxis oft noch ganz anders aus. Unternehmen und ihre Verkaufsorganisationen setzen auf alte Rezepte, ohne Plan und Mut für neue Strategien. Doch wie sehen die Anforderungen an einen Verkäufer aus, der auch morgen noch erfolgreich sein will, und was denken Verantwortliche von Top-Unternehmen darüber? Davon handelt dieses Buch.

WAS IHNEN DIESES BUCH BRINGT
Als wir die ersten Interviews mit Verkaufsverantwortlichen aus verschiedenen Branchen führten, wurde schnell klar, dass diese wirklich etwas zu sagen haben, das Ihnen als Verkäufer eine wertvolle Hilfe und Orientierung für Ihren persönlichen

Erfolg bringt. Es gibt Ihnen einen noch nie dagewesenen Einblick, wie sich der Verkauf in den letzten Jahren verändert hat und was Sie tun müssen, um für die neuen Herausforderungen und Anforderungen Ihrer Kunden gewappnet zu sein. Zudem gibt es Ihnen einen einmaligen Einblick in die Denkweise von Führungspersonen im Verkauf von Top-Unternehmen. Damit ist dieses Buch viel mehr als ein weiteres Fachbuch zum Thema «Verkauf». Es ist eher ein unschätzbar wertvoller Leitfaden, um im Verkauf auch morgen Menschen zu gewinnen und ihre Ziele zu erreichen.

WIE DIESES BUCH ENTSTANDEN IST

Ich war Gast bei einer Handelstagung zum Thema «Marketing und Verkauf». Es waren ungefähr 200 Entscheidungsträger im ausverkauften Saal. Die Referenten waren allesamt Uniprofessoren von renommierten Fakultäten und Fachleute aus der ganzen Welt. In den Vorträgen war die Rede von Industrie 4.0, dem Einfluss von Social Media auf Geschäftsprozesse und der viel strapazierten Generation Y, die den Verkauf vor gewaltige Herausforderungen stellen und für immer verändern würde. Ich lauschte den Vorträgen mit Staunen wie ein Kind eine gelungene Zirkusaufführung bewundert. Während ich gespannt zuhörte, krochen zwei Fragen in meinen Kopf herum wie lästige Fliegen vor dem Einschlafen. Falls das Gehörte stimmte (und ich war durchaus von den meisten Aussagen überzeugt), was muss ein Verkäufer heute mitbringen, damit er auch morgen noch erfolgreich ist und was denken Verkaufsverantwortliche von Top-Unternehmen darüber? In der Pause sprach ich einige der Teilnehmer darauf an und hörte viele interessante Aussagen aus deren Praxis. Nach der Tagung rief ich Kunden und Entscheider aus Top-Unternehmen an und frage sie, ob sie bereit wären, ihre Erfahrungen und Gedanken an Verkäufer und Marketingfachleute weiterzugeben. Das positive Echo hat mich schlicht umgehauen. Die folgende Recherche im Buch-Dschungel der Fachbücher im deutschsprachigen Raum ergab, dass es zu meinem Erstaunen bisher kein einziges Buch für Verkäufer gab, in dem Entscheider aus dem Verkauf über ihre wertvollen Erfahrungen und Zukunftsperspektiven berichteten. Damit stand der Entschluss fest, dieses Buch zu schreiben. Das Ergebnis halten Sie in Ihren Händen.

GESTERN WAR ALLES BESSER?

Als ich vor über 30 Jahren (eher zufällig) mit meiner eigenen Laufbahn im Verkauf begann, gab es noch kein Internet, keine Preisvergleichsportale und Smartphones waren Zukunftsmusik aus Star Trek. Verkäufer war ein Beruf, den man entweder über eine Lehre im Detailhandel oder als Quereinsteiger wählte. Die Weiterbildung bestand mehrheitlich aus firmeninternen Produkt-Schulungen. Diese Phase war geprägt von Verkäufern, die mit Produktekatalogen, der Preisliste und dem Bestellblock unter dem Arm als Fachpersonen bei den Kunden auftraten. Die Kundenbeziehungen waren geprägt von langfristigen und partnerschaftlichen Beziehungen auf allen Ebenen. Man kannte und vertraute sich und nicht selten arbeiteten Verkäufer mit den gleichen Einkäufern und Produkteverantwortlichen auf Kundenseite über Jahrzehnte zusammen. Mit zunehmendem Wettbewerbsdruck wurden Verkäufer vermehrt darauf konditioniert, aggressivere Verkaufsmethoden anzuwenden, um den schwindenden Umsatz zu kompensieren. Diese waren darauf ausgerichtet, den Kunden mit oft manipulativen Verkaufstechniken zum einseitigen Vorteil zum Abschluss zu bringen. Diese Art des Verkaufens blieb bei den Konsumenten nicht unbemerkt und trug massgeblich zum noch heute eher negativen Image des Verkaufsberufs aus Sicht breiter Bevölkerungsschichten bei.

Ende des letzten Jahrhunderts wendete sich die Strategie vieler Anbieter ins pure Gegenteil. Aufgeschreckt durch das entstandene negative Image des Verkäufers in der Gesellschaft, wurde die Berufsbezeichnung «Verkäufer» auf Millionen Visitenkarten durch «Berater» ersetzt. Damit änderte sich auch die Art des Auftritts und der angewendeten Verkaufstechniken gegenüber den Kunden. Verkäufer wurden darauf konditioniert, im Kundenkontakt lediglich zu beraten. Der Prozess der Entscheidungsfindung wurde ganz dem Kunden überlassen, um nicht den Hauch von Druck entstehen zu lassen. Allerdings hatte diese Vorgehensweise auch negative Konsequenzen, zumindest, wenn man die Aufgabe des Verkaufs darin sieht, Menschen dazu zu motivieren, Kaufentscheidungen zu treffen. Hier wurde der Kunde mit seiner Entscheidungsfindung aber schlicht alleine und sich selbst überlassen. Verkaufsorganisationen, die ihre Verkäufer als reine Berater positionierten, sahen sich bald mit sinkenden Umsätzen konfrontiert. Daneben stand den Konsumenten eine ganz neue Form der Informations- und Produktebeschaffung zur Verfügung – das Internet. Plötzlich war nahezu jede Information über die verschiedenen Hersteller und deren Lösungen auf Knopfdruck und ohne «Berater» verfügbar. Zudem erlaubte das Netz bisher unbekannten nationalen und internationalen Lieferanten eine Präsenz in der Wahrnehmung der Kunden, welche bisher etablierte Anbieter in vielen Branchen zusätzlich in Bedrängnis brachten.

Die allgemein veränderten Bedingungen brachten auch neue Weiterbildungsangebote auf den Markt. In der Schweiz waren dies Weiterbildungen wie eidgenössisch diplomierte Verkaufsfachleute und der weiterführende Fachausweis zum Verkaufsleiter, diese begannen ihren Siegeszug mit einer neuen Generation von Verkäufern. Mit dem dualen Bildungskonzept wurden diese befähigt, strategische und konzeptionelle Methoden zu erlernen und diese in ihrer Praxis anzuwenden.

UND HEUTE?

Der Begriff «Berater» findet sich noch auf vielen Visitenkarten von Verkäufern aus allen Branchen. Allerdings haben sich die Unternehmen aufgrund des verschärften Wettbewerbs wieder darauf zurückbesonnen, was neben einer kompetenten Fachberatung die Kernaufgabe des Verkaufens ist – Menschen zu Kaufentscheidungen zu motivieren.

Gleichzeitig stehen Unternehmen vor grossen Herausforderungen und Veränderungen oder sind bereits mittendrin. (Un-)Worte wie «Umstrukturierung», «Neuausrichtung» und «Change-Management», die Verkäufer von ihren Kunden zu hören bekommen, gehören heute zum Alltag. Entscheider sind viel strengeren Regeln unterworfen und Termine mit einem Verkäufer müssen als Mehrwert für das Unternehmen begründet werden. Gerade Grosskonzerne haben heute genau festgelegt, wie ein Lieferantenkontakt abläuft. Einladungen zu Kundenevents und sogar Einladungen zum Mittagessen sind oftmals schlicht verboten. Es gibt immer mehr Unternehmen, die Positionen mit Lieferantenkontakt in festgelegten Zeitabständen auswechseln, um einen zu engen persönlichen Kontakt zwischen Verkäufer und Lieferanten zu verhindern. Überhaupt sind es heute anstelle von Einzelpersonen Gremien und Buying Groups, welche Entscheidungen nach oft unklaren Kriterien hinter verschlossenen Türen fällen. Aber auch kleinere Unternehmen werden (zwangsweise) professioneller und damit wählerischer, wie sie mit ihren Lieferanten arbeiten. Zu gross ist der Druck des Marktes – und entsprechend knapp die verfügbare Zeit für einen unverbindlichen «Plauder-Termin». Aber auch Privatkonsumenten sind heute anspruchsvoller und wählerischer als jemals zuvor. Anbieter werden online öffentlich bewertet und bei (subjektiv) ungenügender Leistung gnadenlos abgestraft. Geschwindigkeit ist auch heute einer der Erfolgsfaktoren im Verkauf. Viele Unternehmen haben bereits darauf reagiert, indem sie die Verkäufer mit Tablets ausstatten, die es erlauben, Besuchsberichte und Aufträge von überall her zu übermitteln. Konzerne wie Microsoft bieten mit Microsoft Dynamics und Office 365 die passenden Schnittstellen und Technologien für den Zugriff auf alle unternehmensrelevanten Daten – und dies für Grossunternehmen wie für KMU. Damit wird es dem Verkauf ermöglicht, die Kunden standortunabhängig und in Echtzeit professionell und ohne Verzögerung zu betreuen.

Auf Kundenseite erreichen Produkte und Unternehmen im Netz durchaus auch schon mal Kultstatus, ohne dass die betroffenen Unternehmen wissen, was genau in ihrem Marketing- und Verkaufsmix wirklich dazu beigetragen hat. Immer öfter entscheidet aber ein sorgfältig aufgebautes Storytelling vor klassischen Werbemassnahmen, welche nur auf das reine Produkt ausgerichtet sind. In diesem Umfeld bekommt das Wort «Mehrwert» einen noch grösseren Stellenwert als jemals zuvor. Dies bietet auch für KMU eine noch nie dagewesene Chance, um sich bei ihrer Zielgruppe zu positionieren und diese für sich zu gewinnen.

MEHR-WERT?

Marken und deren Vertreter werden heute ganzheitlich auf ihre Glaubwürdigkeit geprüft. Geringfügige Abweichungen aus subjektiver Sicht werden konsequent abgestraft und öffentlich bewertet. Von Verkäufern wird ein klarer Mehrwert verlangt. Dieser Mehrwert besteht darin, dass der Kunde vom Verkäufer erwartet, dass dieser ihn in seinen Bedürfnissen und Herausforderungen nachweislich weiterbringt. Für Anbieter im B2B bedeutet dies, dass deren Verkäufer die Kunden mindestens so gut kennen müssen wie diese sich selbst. Es genügt also nicht mehr, nur die eigenen Produkte und Leistungen zu verstehen, sondern eben auch das Geschäft des Kunden und zwar über den Tellerrand des eigenen Angebots hinaus. Mit Storytelling und aktiver Kommunikation wird der Kunde mit Lösungen und Ideen versorgt, welche das Ziel haben, Mehrwert zu bieten und damit Vertrauen und Glaubwürdigkeit des Unternehmens aufzubauen. Der Verkauf ist gefordert, diese Werte aktiv mitzutragen und im persönlichen Kontakt zu vermitteln – sprich diese glaubhaft zu leben!

Wer von Mehrwert spricht, muss sein Denken und Handeln ganz auf die tatsächlichen Kunden-bedürfnisse ausrichten. Dazu müssen das Unternehmen und seine Verkäufer in der Lage sein, folgende Fragen aus Sicht der Kunden zu beantworten:

Im B2B:
- Was sind die aktuellen Unternehmensziele der grössten Kunden in deren Branchen?
- Welchen Herausforderungen stehen die Kunden in ihren Märkten aktuell und morgen gegenüber?
- Welche Strategien verfolgen diese Kunden, um ihren Unternehmenserfolg zu sichern?
- Welches sind die grössten Mitbewerber der Kunden?
- Wie tragen die Produkte und Dienstleistungen dazu bei, dass der Kunde in seinem Business noch erfolgreicher wird?

Im B2C:
- Welche Wünsche und Ziele verfolgen die Kunden der Zielgruppe?
- Wie tragen die Produkte und Dienstleistungen dazu bei, dass die Kunden damit ihre Wünsche und Bedürfnisse befriedigen können und wie kann man diese davon überzeugen und begeistern?

DIE «ALTE» FALLE

Viele Verkäufer denken erfahrungsgemäss nur an ihre eigenen Produkte und Dienstleistungen, ohne die Herausforderungen und Ziele ihrer Kunden wirklich zu kennen. Die grosse Mehrheit der Verkäufer können damit die obigen Fragen nicht hundertprozentig beantworten. In der Realität wissen nur ganz wenige Verkäufer, was ihre Kunden wirklich machen und was diese wirklich beschäftigt. Sie glauben mir nicht? Stellen Sie Ihren Verkäufern beim nächsten Verkaufsmeeting einmal die vorher aufgeführten Fragen. Als «Einstieg» können Sie auch noch folgende Zusatzfrage einbauen: «Welche Gedanken rund um sein Geschäft beschäftigen den Ansprechpartner Ihres grössten Kunden, wenn er nachts nicht einschlafen kann?» Ich wette mit Ihnen, dass 9 von 10 daran leider scheitern werden.

MEHRWERT HEISST, NUTZEN UND LEISTUNG ERLEBBAR MACHEN

Diese konsequente Ausrichtung des Kunden auf das Zentrum des eigenen Handels und Denkens bedeutet, Erlebnisse zu schaffen. Dem Verkäufer, der die persönliche Schnittstelle zum Kunden ist, fällt dabei eine entscheidende Rolle in dieser anspruchsvollen Aufgabe zu. In einem stimmigen Auftritt muss der Verkäufer jederzeit in der Lage sein, den Zielkunden auf allen Unternehmensstufen zu vermitteln, wie die eigenen Leistungen diesem einen nachweislichen Nutzen bringen. Um dies zu tun, muss sich der Verkäufer aber eben zuerst eingehend mit den echten Kundenanforderungen und der richtigen Kommunikation der eigenen Leistung auseinandergesetzt haben. Sie alle kennen den Elevator-Pitch oder auf Deutsch: den 60-Sekunden-Werbespot. Nach der Beantwortung der Fragen «Wer ich bin», «Was tue ich» und «Was biete ich an» kommt die entscheidende Frage: «Wie profitieren andere von meinem Angebot». Hier bringen sehr viele Verkäufer aus allen Branchen hartnäckig auf sich und das eigene Unternehmen ausgerichtete Aussagen. Wer jedoch nicht in der Lage ist, seinen Nutzen für den Kunden zu formulieren, scheitert oft bereits in der Kontaktaufnahme gerade bei Neukunden. Aber auch Bestandeskunden müssen immer wieder aufs Neue vom Wert der eigenen Leistung überzeugt werden. Die Tage der selbstverständlichen Bestelleingänge sind für Unternehmen aller Branchen ein für alle Mal Geschichte.

UND MORGEN GEHT ES WEITER

Die Tage der Verkäufer als Einzelkämpfer werden definitiv der Vergangenheit angehören. Kunden wollen Unternehmen und Ansprechpartner, die sie in ihren Bedürfnissen und Herausforderungen unterstützen und das auf allen Kanälen und bei jedem Kontakt. Für Verkaufsorganisationen bedeutet dies die konsequente Zusammenarbeit mit allen unternehmensinternen Bereichen. Dazu gehören sowohl das Marketing, die Produktion wie auch das Controlling. Kunden-Journey (auf Deutsch: «Kundenreise») heisst in Zukunft, diese in jeder Phase des (Verkaufs-)Prozesses zu begleiten und im richtigen Moment mit der richtigen Botschaft und Leistung zu befriedigen und zu begeistern. Ein entscheidender Stellenwert wird auch hier die Automatisierung einnehmen. Bereits heute setzen Unternehmen Sales-Automationstools ein, die es erlauben, die Kunden auf ihrer Reise mit den passenden Tools und Methoden zu erfassen, zu begleiten und abzuholen. Diese Systeme gehen weit über die klassischen «Stand Alone»-CRM-Systeme hinaus und geben Lieferanten herausragende Möglichkeiten zur Kundengewinnung, zum Kundenausbau und zur Kontaktpflege.

Diese Tools werden sich auch in kleineren Betrieben mittelfristig etablieren. Privatkunden werden in Zukunft noch besser und schneller Lösungen und Angebote vergleichen können und laufend höhere Anforderungen an die Beratung und die Servicequalität haben. Auf der Verkaufsebene wird sich der Stellenwert und die Wichtigkeit einer professionellen Vorbereitung auf die Kundenkontakte nochmals massiv erhöhen – und zwar in jeder Phase des Verkaufsprozesses. Die Weiterbildung des Verkaufs wird sich nochmals einen gewaltigen Schritt in Richtung strategisches Vorgehen und zwischenmenschliche Kommunikation entwickeln. Je nach Branche wird der Verkäufer zu einem Unternehmer, der andere Unternehmer und auch Privatpersonen in deren Herausforderungen berät und begleitet. Damit werden die Anforderungen zur zwischenmenschlichen Kommunikation weiter steigen. Verkäufer werden in der Lage sein müssen, auf jeder Stufe die Mehrwerte des Unternehmens glaubhaft zu vermitteln und zu verkaufen, um Kunden nachhaltig zu gewinnen und zu binden. Dies bedeutet, Werte und Leistungen professionell als monetären und emotionalen Nutzen im Kopf und Herz der Kunden zu verankern, um erfolgreich zu verkaufen. In diesem Sinne wird sich auch die Ausbildung im Verkauf nochmals gewaltig anpassen müssen, um diese Herausforderungen mit den morgen notwendigen Fähigkeiten zu vermitteln.

Was bleiben wird, ist die Kernaufgabe des Verkaufs – Menschen zu Kaufentscheidungen zu motivieren.

In diesem Sinne «Happy selling»
Dieter Menyhart
Verkaufsexperte und -Trainer

EDITORIAL

Der Verkauf muss sich ändern – und zwar grundlegend. Lange Zeit war Kaufen ein einfacher Prozess, der nach einem logischen Schema verlief und aus welchem der Verkäufer als fixe Variable nicht wegzudenken war: Der Anbieter warb für sein Produkt, daraufhin entstanden beim potenziellen Käufer Begehrlichkeit und Kauflust, woraufhin man sich vom Spezialisten im persönlichen Gespräch beraten liess und dieser schliesslich einen Kaufabschluss bewirken konnte. Strikte Verkaufsmethoden wie das Hardselling – der persönliche Verkauf mit dem Ziel, schnell und kompromisslos zum Vertragsabschluss zu kommen –, die früher Erfolgsgaranten waren, funktionieren heute längst nicht mehr. Der Kunde will nichts vorgegaukelt bekommen und möchte nicht zu einem überhasteten Kauf gedrängt werden, der für ihn weder auf kurze noch auf lange Sicht einen wirklichen Mehrwert bringt. Hinzu kommen neue Möglichkeiten, welche die Branche gleichermassen vor Herausforderungen und Chancen stellen: In Zeiten von Onlinehandel, Dynamic Pricing und Connected Commerce folgen Verkauf und Kundenverhalten völlig neuen Gesetzen – wenn von solchen überhaupt noch die Rede sein kann. Somit gehört der aggressive und aufdringliche Verkäufer, der einzig Wert auf den unmittelbaren Abverkauf legt und keinen Gedanken an die Kundenbindung verschwendet, gezwungenermassen der Vergangenheit an. Und wer noch immer an der verjährten Verkäuferrolle festhält, kämpft gegen Windmühlen.

BIG DATA UND DER OBSOLETE VERKÄUFER

Heute werden mehr Daten denn je gesammelt. Es ist heutzutage keine Hexerei mehr, Informationen darüber zu ermitteln, welche Medien wir auf dem Weg zur Arbeit konsumieren, wo wir unsere Ferien verbringen oder welche Sportart wir betreiben. Unternehmen gehen indes viel weiter und kennen das Mindset und daraus hervorgehende Begehrlichkeiten ihrer Kundschaft oder derjenigen Personen, die sie in naher Zukunft gerne dazu zählen würden, oftmals viel besser, als es diese selbst tun. Die Analyse der individuellen «customer journeys» und die daraus gewonnenen Erkenntnisse sind ausschlaggebend geworden, um Kunden direkt zu erreichen und ihnen das vermeintlich passendste Angebot zu unterbreiten. Aufgrund von verschiedenen Lebensumständen ändern sich die Wünsche und Ansprüche der potenziellen Kunden. Selbstredend hat auch der richtige Zeitpunkt einen substanziellen Einfluss darauf, ob eine Reaktion auf ein Angebot folgt oder ob es unbeachtet bleibt.

Die unbegrenzte Verfügbarkeit von Produkten und Dienstleistungen im Internet sowie stetig neue Technologien setzen den stationären Handel und somit den klassischen Verkäufer unter Zugzwang und stellen seine Berechtigung in Frage. Umdenken ist gefordert. Nur auf äussere Umstände zu reagieren, reicht nicht mehr. Der Handel muss agieren und den Kunden immer einige Schritte voraus sein. Doch was hat sich genau verändert?

Konsumentinnen und Konsumenten erwarten Dienstleistungen auf Abruf sowie Produktvorschläge, die bestens zu ihnen passen und ihre Persönlichkeit unterstreichen. Und nicht zuletzt wollen Käufe zu jeder Tages- und Nachtzeit, von jedem nur vorstellbaren Ort getätigt werden können. Einzige Voraussetzungen hierfür sind ein Mobile Device oder Computer und eine funktionierende Netzwerkverbindung. Die unmittelbare Verfügbarkeit von Produkten wurde lange als Stärke der stationären Verkaufsstellen gehandelt, doch heute sind kürzeste Lieferzeiten bei der Mehrheit der Onlineshops die Regel, und sogenannte «same-day deliveries» sind auf dem Vormarsch. Geschäfte, die nach gewöhnlichen Ladenöffnungszeiten operieren – und gesetzlich daran gebunden sind –, müssen sich angesichts dieser grundlegenden Veränderung komplett neu orientieren und können nicht mehr an bewährten Geschäftsmodellen festhalten. Durch dieses Nachrüsten wurden Verkaufsstellen aller Art ihres essenziellen Alleinstellungsmerkmals beraubt. Hinzu kommen hohe Fixkosten wie Mieten, Personalaufwand oder grosse Lagerbestände, deren Optimierung nur bis zu einem gewissen Grad möglich ist. Die Befriedigung von Nischenbedürfnissen lohnt sich aufgrund der kaum vorhandenen Rentabilität nur selten – gerade diese Geschäftsmodelle funktionieren im Internet wunderbar und schiessen wie Pilze aus dem Boden.

Der Wunsch, ein Produkt umgehend sein Eigen nennen zu können, ist dem Bedürfnis der Personalisierung und der Individualisierung gewichen. Schuhe werden nicht mehr im Geschäft gekauft, sondern online bestellt; dafür kann man Farbe, Schnitt und Härtegrad der Sohle selbst wählen. Ähnlich bei Hosen: Sie werden nicht mehr in Standardgrössen produziert, sondern die Kunden nehmen zu Hause Mass, definieren Farbe sowie Modell, worauf ein Algorithmus schliesslich die perfekte individuelle Passform errechnet – und dies für jede Bestellung von Neuem. Die Kehrseite solcher Angebote liegt darin, dass nun Aufgaben, die früher dem Verkäufer zukamen – wie zum Beispiel das Massnehmen oder der Abschluss der Bestellung – zugunsten der Freiheit des Endverbrauchers auf ebendiesen abgewälzt werden. Zudem besteht so keine Gefahr, dass der Verkäufer einen vermeintlichen Wissensvorsprung zu seinen Gunsten missbrauchen könnte.

ES HERRSCHT DER WISSENDE KUNDE

Via Smartphone, Tablet und Internet sind Blogeinträge, Reviews und Erfahrungsberichte zu Produkten und Dienstleistungen aus der ganzen Welt nur wenige Klicks entfernt. Hinzu kommt das persönliche Netzwerk, das auf keinen Fall unterschätzt werden darf und das über Messaging-Dienste wie Skype in unmittelbare Nähe rückt – unabhängig davon, wo man sich aufhält. Bei überlegten Käufen verbringen potenzielle Kunden viel Zeit damit, Informationen zusammenzutragen und Angebote, Ausführungen und Anbieter zu vergleichen. Für den Kaufentscheid liegt also jedem einzelnen Interessenten ein enormer Fundus an Erfahrungen, Bewertungen und Einschätzungen vor. Ein besonders hoher Stellenwert kommt zudem Empfehlungen von Bekannten und Freunden zu. Mogelpackungen der Anbieter haben zunehmend einen schweren Stand und werden in Windeseile entlarvt. In den sozialen Netzen bilden sich kollektive Meinungen genauso schnell, wie sie wieder verworfen werden. Klar ist: Die Selbstwahrnehmung der Unternehmen und ihrer Angebote ist nicht mehr ausschlaggebend. Unzählige Fremdmeinungen entscheiden mit, warum wir beispielsweise das Hoverboard dem Segway vorziehen – denn oftmals geschehen die Wahrnehmung und die damit verbundene Bewertung unterbewusst. Die Informationshoheit entgleitet dem Verkauf mehr und mehr. Der Kunde wird selbst zum Experten. Sofern sich nichts ändert, wird der Verkäufer im besten Fall am Rande noch beigezogen. Auch die immer höheren Ansprüche der Kunden stellen eine nicht unwichtige Herausforderung dar: Gesucht wird so lange, bis man genau dasjenige Produkt findet, das vollumfänglich den eigenen Vorstellungen entspricht – Kompromisse sind heute nicht mehr nötig. Gekauft wird am Schluss dort, wo es am günstigsten ist und wo die besten Rahmenbedingungen geboten werden – Loyalität gegenüber dem persönlichen Händler des Vertrauens ist eher Ausnahme als Regel. Um heute erfolgreich zu kaufen, braucht es keinen Mittelsmann, der nur Eigeninteressen verfolgt. Doch noch ist Hopfen und Malz nicht verloren: Verkäufer und Marketingprofis müssen nur umdenken.

KUNDEN ALS FANS

Der Markt wird immer schneller und globaler, die Kunden immer selbstständiger und selbstbestimmter. Genau hier muss die Verschiebung vom Produkt zur Marke und somit schliesslich zum Marketing passieren, das die Rahmenbedingungen für den erfolgreichen Verkauf stellt. Marketing ist dann erfolgreich, wenn es das eigene Markenbild so zu prägen vermag, dass daraus eine klare Positionierung hervorgeht und diese durch die Nutzer – oder besser durch die Anhängerschaft – nach aussen bestätigt und verstärkt wird. Um auf dem heute vorherrschenden globalen Marktplatz, auf dem die direkte Konkurrenz auch am anderen Ende der Welt angesiedelt sein kann, zu überleben, müssen Menschen – und nicht Zielgruppen – erreicht werden.

In einer Zeit der austauschbaren Produkte und der redundanten Dienstleistungen liegen die Unterschiede in den immateriellen Werten: Marken sind ein Bekenntnis zu einem Lebensstil und transportieren eine Fülle von Emotionen. Gekauft wird nicht nur ein Auto, sondern Fahrfreude und Freiheit – denn Werte wie Sicherheit und Schnelligkeit sind heute keine «unique selling proposition» mehr. Den entscheidenden Unterschied machen das Markenversprechen und der Nutzen, der daraus hervorgeht. Nur auf diese Weise gelingt es Unternehmen, Kunden in einem Zeitalter der Übersättigung und der schnell wechselnden Angebote langfristig an sich zu binden.

DER VERKÄUFER ALS «PEOPLE PERSON»

Welche Rolle kommt nun also dem Verkäufer von heute zu? Das klassische Verkaufsgespräch, in dem der Kunde mit irgendwelchen Fakten berieselt wird, die keinerlei Relevanz hinsichtlich seiner Bedürfnisse aufweisen, fruchtet nicht mehr. Es eckt an. Der Verkäufer muss die persönlichen Wünsche und Hoffnungen seines Gegenübers verstehen. Er sollte sich in seine Kunden hineinfühlen und das Individuum vor sich erkennen, statt den Abverkauf oder die Provision zu fokussieren. Das beste Angebot oder den passendsten Produktvorschlag zu machen, ist heute keine Kunst mehr, sondern Sache eines guten Algorithmus. Was diesem aber fehlt – unabhängig davon, wie ausgeklügelt er ist –, ist Empathie. Und hier kommt wieder der Verkäufer ins Spiel – denn inmitten der Informationsflut und der Auswahlmöglichkeiten ist er es, der den vermeintlichen Unterschied zu machen vermag. Authentizität ist ein Muss: Der erfolgreiche Verkäufer muss Menschen mögen und einschätzen können. Was bei dem einen Kunden funktioniert, kann den anderen in die Flucht schlagen – Zuhören ist daher das A und O, um die eigene Kundschaft immer besser kennenzulernen und zu bedienen. Optimalerweise mündet dies in einem einzigartigen, langanhaltenden Vertrauensverhältnis, etwas, was heutzutage unbezahlbar ist. Kurz: Wird der Verkäufer als Berater wahrgenommen, der die Bedürfnisse des Kunden kennt und diesem auf Augenhöhe begegnet, ist die halbe Miete bereits bezahlt.

Wir wollen an dieser Stelle aber noch nicht zu viel vorwegnehmen, denn vor Ihnen liegen 14 Kapitel, in denen sich Experten mit den Veränderungen in der Branche und der neuen Rolle des Verkäufers auseinandersetzen und wichtige Branchen-Insights liefern.

Viel Freude beim Lesen wünscht Ihnen
Uwe Tännler
Präsident Swiss Marketing

KAPITEL 1

DANIEL MOSCHIN
General Manager Consumer Channels Group Microsoft Schweiz

IM KOPF DES KUNDEN ANKOMMEN

Der Verkauf ist unterwegs – aber wo endet die Reise? Niemand leugnet heute noch ernsthaft, dass im Verkauf eine Veränderung notwendig ist. Der Kunde ist nicht mehr der gleiche wie noch vor zehn oder zwanzig Jahren. Die Produkte und sogar Produktzyklen haben sich gewandelt. Das Internet hat nicht nur neue Verkaufsplattformen, sondern auch neue Formen von Service und Kommunikation geschaffen. Wie kann der Verkäufer vor diesem neuen Hinter- und Vordergrund bestehen?

Verkauf ist nicht gleich Verkauf. Vielleicht hängt die Beantwortung dieser Frage davon ab, in welchem Bereich man sich bewegt, zu welchen Märkten man den Zugang sucht und auf welche Kundensegmente man trifft. So wird zum Beispiel der Online-Bereich auch weiterhin immer wichtiger, was sich für die auszahlt, die sich schon vor langer Zeit darauf konzentriert haben.

Um ein greifbares Beispiel zu nennen: Microsoft generiert im Consumer Bereich bereits über 50 Prozent seines Umsatzes in der Schweiz über Online-Kanäle, Tendenz stark steigend. In Zukunft werden unsere Kunden noch stärker im Netz vertreten sein. Wir begegnen ihnen dort gerne, sei es in einem der Online-Arme der verschiedenen Retail-Partner, welche unsere Produkte verkaufen, aber auch im hauseigenen Microsoft Online-Store.

> **In Zukunft werden die Kunden noch stärker im Netz vertreten sein.**

TRENDWENDE ODER WENDETREND?

Einkaufsorganisationen für physische und für Online-Läden sind oftmals die gleichen Personen, und zunehmend handelt es sich dabei um grosse Retailer – zum Beispiel Media Markt –, die das Produkt wiederum über ihre eigenen Plattformen an den Endverbraucher weitergeben. Wer heutzutage als Verkäufer erfolgreich mit so einem Retailer zusammenarbeiten möchte, muss zumindest ansatzweise verstehen, wie der Digital Marketing- und Digital Sales-Funnel funktioniert. Man braucht in diesem Bereich also nicht nur verkäuferisches Know-how, sondern muss auch fähig sein, mit dem Einkäufer und eventuell dem Produktmanager kompetent zu diskutieren, wie er bestimmte Instrumente einsetzt, um einen entsprechenden Durchverkauf zu realisieren.

Die Verkäufer, die mir unterstehen, kennen sich mit dieser Problematik sehr gut aus. Bei Microsoft Schweiz bin ich für den gesamten Bereich des Consumer-Business verantwortlich, also dem Privatkundengeschäft. Oberste Messgrösse für den Erfolg hierbei ist die Gewinn- und Verlustrechnung aller Consumer-Produkte und Dienstleistungen (z.B. Microsoft Office, Surface Tablets, Xbox Gaming, PC-Zubehör etc.). Wo einem grossen Teil heisst das Führung und Orchestrierung aller Teilbereiche, sodass alle Marketing- und Verkaufskomponenten optimal aufeinander abgestimmt sind und reibungslos zum Kunden gelangen. Dazu zählen auch das Consumer PR & Media Management, die Produkt- und Category Management-Organisation sowie spezielle Funktionen im Channel Marketing.

Ein weiterer wichtiger Bestandteil meiner Tätigkeit: meine eigenen Leute zu challengen und herauszufordern, sich auf die aktuell stattfindende oder kommende Transformation einzulassen. Der bedeutendste Trend, der sich bei uns in der IT-Branche manifestiert, ist natürlich die Verschiebung in Richtung Cloud: Software, die nicht mehr gekauft, auf dem Rechner installiert und abgegrenzt betrieben, sondern quasi als Service aus dem Internet bezogen wird und deren Benutzer bereit ist, regelmässige jährliche oder monatliche Abo-Gebühren zu zahlen, anstelle eines Einmalkaufs. Office 365 ist ein Musterbeispiel für so ein Produkt.

> **Der bedeutendste Trend ist die Verschiebung in Richtung Cloud.**

DIE REISE GEHT WEITER

Das bedeutet natürlich, dass man dem Endkunden nicht mehr auf die gleiche Weise wie früher begegnen kann, als man einen Computer und das zugehörige Office-Paket nach dem Motto „Fire & Forget" verkauft hat. Wie erzähle ich als Verkäufer eine neue Geschichte über ein Produkt, das der Kunde bereits zu kennen glaubt? Wie stelle ich die Zusatzvorteile so heraus, dass es sowohl der Verbraucher versteht, der es kaufen soll, als auch der Händler, der möglicherweise seine ganze Waren-Präsentation überarbeiten muss?

Bei Microsoft nehmen inhaltliche Themen einen erheblichen Prozentsatz dieser Diskussion ein: Wie man Ressourcen in die Schweiz bringt, um hier das Business voranzutreiben, wie man grossen Konzernen intern neue Produkte verkauft etc. Auf der anderen Seite steht die Personalführung: Schliesslich kommen immer wieder neue Leute, die entsprechend in den Themenkomplex eingeführt werden müssen. Und natürlich – last but not least – bin ich gemeinsam mit meinem Vertriebschef beim Kunden, spreche dort auf dem obersten Level, schaue, wo die Reise hingeht, was wir

> **Die Kundenbeziehungspflege ist und bleibt ein Kernelement des Geschäftserfolgs.**

gut gemacht haben, was wir noch verbessern können, wo wir gerne noch einen Schritt nach vorne unternehmen würden ... Die ganze Kundenbeziehungspflege ist und bleibt ein Kernelement des Erfolgs, sie darf nie vernachlässigt werden.

AUF UMWEGEN ZUM VERKAUF

Für mich stand keineswegs von Anfang an fest, dass ich im Verkauf landen würde. Die erste Sprosse meiner Karriereleiter lag nach meinem Wirtschaftsstudium in der Fast Moving Consumer Goods-Branche, und zwar bei Procter & Gamble. Ich habe vier Jahre mit Marketingaufgaben in der Zweigniederlassung in Genf zugebracht, zwei Jahre im Europa-Headquarter in Brüssel und zwei Jahre in Rom. In dieser Zeit habe ich mich mit der Vermarktung aller nur denkbaren Kategorien des täglichen Bedarfs auseinandergesetzt, von Deo und Shampoo über Zahnpflege bis hin zu Wasch- und Reinigungsmitteln.

Im Anschluss an diese acht Jahre bin ich erst einmal in die Schweiz zurückgekehrt und habe drei Jahre bei der Boston Consulting Group gearbeitet, wo ich verschiedene Projekte im Nahrungsmittelbereich, in Financial Services und in der Pharmazeutik geleitet habe – also eine sehr abwechslungsreiche Beschäftigung mit immer wieder komplett neuen Szenarien und Herausforderungen.

Als Schweizer Geschäftsführer von Monster.com, dem weltweit grössten Online-Rekrutierungsportal, bin ich anschliessend ins Internet-Dienstleistungsbusiness eingestiegen. Als dann die Dotcom-Blase platzte, wurde das Unternehmen weiterverkauft und ich hatte mich entschlossen, zu Microsoft zu wechseln. Fünf Jahre lang war ich Marketingdirektor für die Schweiz, danach habe ich die Headquarter-Funktion für das

Windows-Business in Westeuropa übernommen und dieses multi-nationale Geschäft geleitet. Später habe ich die Führung des Consumer- und Online-Business übernommen, welche sich unter anderem stark mit der Vermarktung der Werbeflächen auf Microsoft-Plattformen wie MSN, Skype, Messenger etc. beschäftigt hat. Und seit rund vier Jahren leite ich den Bereich Consumer Business in der Schweiz, also alles, was wir an den Privatkunden, hauptsächlich über den Retail-Kanal, verkaufen.

> **Seit vier Jahren leite ich den Bereich Consumer Business.**

Insgesamt bin ich jetzt seit 14 Jahren bei Microsoft. Begonnen hat meine Laufbahn wie oben erwähnt im Marketing, und das waren immerhin acht volle Jahre. Danach habe ich mich jedoch auf Umwegen übers Consulting mit unterschiedlichen Aufgaben auseinandergesetzt und war ab da auch im Verkauf sehr stark involviert. Bei Monster.com war das Verkaufen im Grunde meine Hauptaufgabe, bei Microsoft ist es fifty-fifty: Die eine Hälfte meines Teams sind Marketingleute, die andere Hälfte sind Verkäufer. Es sollte also niemanden verwundern, dass ich dazu neige, beide Disziplinen als Einheit zu betrachten bzw. als zwei Seiten derselben Medaille.

DER VERKÄUFER IN FESTER BEZIEHUNG

Diese Vermengung hat es mir ermöglicht, alle Veränderungen genau zu beobachten, die Verkauf und Marketing in den vergangenen Jahren durchgemacht haben. Natürlich gibt es zwischen den einzelnen Verkaufsbereichen erhebliche Unterschiede. Nimmt man zum Beispiel den B2B-Verkauf, also die gesamte unternehmerische Schiene, unter die Lupe, stellt man fest, dass der Verkäufer vor fünf Jahren noch hauptsächlich ein Beziehungsmanager war. Bis zu 80 Prozent seiner Zeit und Energie hat er investiert, um Beziehungen zum Kunden aufzubauen, am Leben zu erhalten und zu verfeinern.

Das ist natürlich ohne Frage nach wie vor notwendig – ohne Beziehung verkauft es sich schlecht –, es reicht aber bei weitem alleine nicht mehr aus. Die Verkäufer, die auf diesem Niveau stehengeblieben sind, sind heute mehr oder minder ausgestorben. Was jetzt gebraucht wird, sind die sogenannten „Challenger Sales", also Verkäufer, die den Kunden wirklich herausfordern. Die ihn dazu bringen, über gegebene Situationen nachzudenken und neue Wege einzuschlagen.

> **Was wirklich gebraucht wird, sind Verkäufer, die den Kunden herausfordern.**

Viele Unternehmen stehen heute in einer Transformation in Richtung Digitalisierung. Das bedeutet, dass sie die gesamten Prozesse – die interne Arbeitsweise und Kommunikation, das Kundenbeziehungsmanagement, die Produktionstechnik etc. – aufgrund der neu verfügbaren Technologien überprüfen und in der Regel anpassen müssen. Für einen Verkäufer im B2B-Bereich heisst das, sich mit den Geschäftsmodellen der Kunden detailliert auseinander zu setzen und vorab Überlegungen anzustellen, wie die angebotenen neuen Technologien (z.B. Cloud Services with Office 365 oder Azure) dem Kunden helfen können, die Transformation schneller und erfolgreicher zu bewältigen. Das erfordert natürlich einen erheblichen Weiterbildungsaufwand und entsprechende grundsätzliche Offenheit und Fähigkeiten seitens des Verkäufers.

Das Schlagwort „Internet der Dinge" ist heute in aller Munde: Sehr viele Geräte sind inzwischen Bestandteil komplexer Netzwerke, die sie befähigen, direkt mit dem Kunden, dem Hersteller oder einem Servicedienstleister zu kommunizieren. Wer heute einen Aufzug benutzt, befindet sich in einem hochtechnisierten System, bestückt mit einer Fülle an Sensoren, die dem Hersteller laufend Betriebs- und Störungsdaten übermitteln. So kann dieser wiederum planen, wann er das nächste Mal einen Monteur am Einsatzort vorbeischicken sollte – noch bevor sich eine Panne ereignet. Systeme zur Hausautomatisierung wiederum verknüpfen Heizung, Jalousien, Alarmanlage, Klimaanlage, Rauchmelder und in gewissem Sinne den Bewohner des Hauses zu einer Einheit.

WENN MAN KUNDEN NICHT MEHR AUS DEM KOPF GEHT

Was diese Umstellung jedoch im Einzelnen für den Kunden bedeutet – nicht nur von der technischen Seite her, sondern auch im Sinne der Value Proposition –, das ist etwas, was der Verkäufer kommunizieren können muss. Früher lag in unserer Branche der Fokus stark auf den IT-Verantwortlichen: Um einen Verkauf zu erwirken, musste man den Menschen überzeugen, der die IT des Kunden eingekauft und verwaltet hat, und das war in der Regel der Leiter dieser Abteilung, also ein Techniker.

Das hat sich mittlerweile verändert. Der Trend geht zur „Consumerization of IT", oder auf gut Deutsch: Die einzelnen Mitarbeiter haben ein Mitspracherecht bei der Organisation und Verwaltung der IT, vor allem, wenn es um ihren eigenen Schreibtisch geht. Das Phänomen kennt man aus vielen Firmen, in denen plötzlich überall iPhones und Tablet-PCs zusammen mit dem Schlagwort „Bring your own device" auftauchen. Die Mitarbeiter gewöhnen sich zunehmend daran, dass sie die Arbeitsgeräte auch privat benutzen können – oder private Geräte bei der Arbeit. Die Grenzen verschwimmen.

Viele Entscheidungen können nicht mehr alleine vom IT-Einkäufer getroffen werden. Daher ist es immer von Vorteil, wenn man als Verkäufer die Diskussion auch in andere Firmenetagen tragen und direkt mit dem Endbenutzer kommunizieren kann. Das ist gerade in unserer Branche eine Herausforderung, denn viele Leute, die jetzt im Verkauf sind, stammen ursprünglich aus der IT. In technischen Diskussionen fühlen sie sich sehr wohl, aber um mit einem Finanz- oder Betriebsvorstand über die Herausforderungen des Business zu sprechen, sind sie oftmals nicht gut genug mit der Materie vertraut.

> Es ist immer von Vorteil, als Verkäufer direkt mit dem Endnutzer kommunizieren zu können.

Aus einem Buch über Verhandlungstaktiken und -strategien habe ich einen Satz aufgeschnappt, der das gut illustriert: „Be in their head!" Sei im Kopf des Kunden, anstatt in deinem eigenen Kopf festzustecken. Früher galt das Credo: „Ich habe mein Ziel, ich mache meine Präsentation, ich weiss, wie es geht, also verkaufe ich." Heute muss man sich viel stärker mit den individuellen Herausforderungen des Kunden auseinandersetzen. Das verlangt nicht nur nach Empathie, sondern auch nach Kreativität:

- Wie sieht seine Situation derzeit aus?
- Was könnte verbessert werden?
- Was ist dem Kunden noch gar nicht bewusst?
- Wie kann ich seine Situation mit meinen Lösungen verbessern?
- Wen spreche ich im Unternehmen zu diesen Lösungen an?

VERÄNDERUNG: DIE EINZIGE KONSTANTE

Das ist, wie gesagt, eine Herausforderung, aber keine von der kurzfristigen Sorte: Die Veränderung kommt als laufender Prozess, der nicht stehenbleibt, denn die Beziehungen zu Business-Kunden verändern sich gerade in unserer Branche sehr, sehr schnell. Um diesem Wandel auch in Zukunft angemessen begegnen zu können, setzen wir auf zwei Strategien:

- Zum einen auf interne Schulungen anhand von Fallbeispielen und sogenannte Lighthouse-Projekte beim Kunden: Wir überprüfen, was im konkreten Fall zum Erfolg geführt hat, und bauen diese Aspekte in die Schulungen mit ein. Das funktioniert in der Regel sehr gut. Wer grundsätzliche Fähigkeiten und die Bereitschaft mitbringt, sich selber zu transformieren, nimmt aus so einer Veranstaltung immer etwas mit.
- Zum anderen achten wir beim Ersatz für Mitarbeiter, die das Unternehmen verlassen, auf eine neue Palette von Qualitäten. Tendenziell sollte ein Unternehmen immer eine hohe Diversity anstreben – damit meine ich nicht nur auf Geschlechter und andere Unterscheidungsmerkmale, sondern vor allem den Erfahrungshorizont. Das Ziel muss sein, im Team Kräfte aus unterschiedlichsten Branchen und mit unterschiedlichsten Hintergründen zu vereinigen. Quereinsteiger, die vielleicht ganz andere – aber doch ähnliche – Herausforderungen gemeistert haben, bringen frischen Wind in eine Abteilung.

Kurz gesagt: Auf der einen Seite On-the-job Training, andererseits ein Wandel der Zusammensetzung von Verkaufsorganisationen. Wer sich darauf einlässt, muss keine Angst mehr vor einem sich wandelnden Markt oder Kun-

> **Was ist im Rahmen der technischen Entwicklung die Rolle des Verkäufers?**

denstamm haben, denn seine Organisation ist flexibel genug, um allen Veränderungen begegnen zu können.

UND WO BLEIBT DER VERKÄUFER?

Mit einem meiner Söhne, der 2014 im Autohandel ebenfalls in den Verkauf eingestiegen ist, habe ich kürzlich eine Diskussion zum Thema „Reise des Verkäufers" geführt: Ursache war ein Bericht im Fernsehen, dem zufolge in der Schweiz rund 50 Prozent der heute von Menschen erledigten Aufgaben von Robotern und Computerprogrammen übernommen werden könnten, und zwar innerhalb der nächsten 30 Jahre. Die Entwicklung der künstlichen Intelligenz macht's möglich. Vom Buchhalter bis zum Wirtschaftsprüfer war alles dabei, und da stellt sich natürlich die Frage, was im Rahmen dieser Entwicklung die Rolle des Verkäufers ist?

Ich halte es für sehr wahrscheinlich, dass uns der Verkäufer trotz technischen Fortschritts noch sehr lange erhalten bleiben wird, aber vermutlich in einer ganz anderen Form als heute. Denn eines ist klar: Wenn Roboter künftig alle Arbeiten übernehmen, muss es ja immer noch jemanden geben, der die Roboter verkauft, ebenso wie alle dazugehörigen Lösungen.

Werfen wir einen Blick auf den Autohandel, ein klassisches Betätigungsfeld versierter Verkäufer. Bereits heute kann ein Interessent mithilfe eines Online-Konfigurators auf der Website des Herstellers sein eigenes Fahrzeug zusammenstellen, dieses anfordern und sich vor die Haustür liefern lassen. Sicher fällt vielen Menschen dieser Schritt noch schwer – einen Mausklick dort einsetzen, wo früher ein Ansprechpartner aus Fleisch und Blut gewesen ist –, doch der Trend ist klar zu erkennen.

MERCATOR EX MACHINA

Dieses Prinzip können wir gut im Retail-Handel beobachten, vor allem dort, wo Commodities verkauft werden – Dinge, die für das tägliche Leben gebraucht werden, aber nicht unbedingt stark emotional aufgeladen sind. In vielen Supermärkten gibt es bereits automatisierte Check-outs, an denen man keine Verkäufer zu Gesicht bekommt. Man scannt die Ware selber ein, tippt eventuelle Sonderwünsche in das Terminal und bezahlt per Karte oder Bargeld, für das ein entsprechender Schlitz vorhanden ist. Allerdings ist in der Regel immer noch ein Mitarbeiter anwesend, der darauf achtet, dass Einkäufe nicht einfach an der Kasse vorbei aus dem Laden getragen werden.

Das Schweizer Unternehmen Digitec ist ein weiteres gutes Beispiel. Die Kunden dieses Elektrofachhändlers kaufen online ein, aber gut die Hälfte sucht hinterher speziell dafür eingerichtete Stationen auf, um die Ware abzuholen. Oft bezahlen sie auch gleich dort. Der Vorteil eines solchen Systems ist, dass die Lieferung schneller als bei Amazon erfolgt – zumindest so lange, bis Amazon seine erste Drohnenflotte startet. In diesen Stationen befindet sich derzeit noch ein Mitarbeiter aus Fleisch und Blut, aber es könnte genauso gut ein Roboter sein: Ich bestelle, der Artikel landet in einem Ausgabeschacht, ich bezahle per Kreditkarte und die Maschine überreicht mir die Ware.

Diese Beispiele demonstrieren, dass Verkäufer tendenziell immer dort gebraucht werden, wo hohe Komplexität vorherrscht. Sieht man sich etwa einen Bankberater an, stellt man fest, dass dieser beim Verkauf von Wertschriften oft auch nur die Informationen eines Computerprogramms an seine Kunden weitergibt. So ein Posten läuft Gefahr, ganz und gar von diesem Programm verdrängt zu werden. Wo jedoch nicht einfach ein Standard aus dem Regal genommen werden kann – wo es also

> Verkäufer werden dort gebraucht, wo hohe Komplexität vorherrscht.

wirklich komplex wird, weil mit dem Kunden erst alle Optionen durchexerziert werden und massgeschneiderte Lösungen entworfen werden müssen –, dort braucht es auch weiterhin einen Verkäufer.

Und das muss natürlich ein hochqualifizierter Verkäufer sein, der auf die Bedürfnisse des Kunden eingeht und sich optimal mit den Produkten in seinem Portfolio auskennt. Nur so ist er in der Lage, ihm ein individuelles Angebot zu unterbreiten, das auf seine Anforderungen zugeschnitten ist. Ein 08/15-Verkäufer mit einem 08/15-Angebot kann diesem Anspruch nicht genügen und muss daher ständig damit rechnen, durch ein automatisches System ersetzt zu werden – beispielsweise durch einen Online-Rechner oder einen Online-Shop.

NEUE ANGEBOTE FÜR NEUE KUNDEN

Auch bei Microsoft ist der Verkäufer schon aus vielen Verkaufsbeziehungen verschwunden. Wir betreiben aktuell eine Plattform mit Namen Azure in der Cloud, die zur Datenspeicherung genutzt werden kann, aber auch zum Management mobiler Geräte oder als Datenbank für unternehmerische Rechenleistung. Diesen Service kann man direkt online einkaufen, ohne auf einen Vertreter von Microsoft zu treffen.

Start-up-Firmen, die im Video-Streaming tätig sind, nutzen diesen Service gerne. Im Rahmen unserer ständigen Business-Entwicklung sind wir auf diese neue Zielgruppe zugetreten und haben sie gefragt, was ihnen an Azure gefällt, was nicht und wie sie die Dinge sehen. Das ist natürlich Post-Sales, also Marktforschung, die eine bestehende Geschäftsbeziehung erfordert, versorgt uns aber mit den nötigen Daten, um kommende Verkaufsaktionen besser auf den Kunden zuschneiden zu können.

Spätestens an dieser Stelle muss man sich jedoch einer anderen Überlegung zuwenden: Wenn der Verkäufer im komplexen Themenfeld aus Tausenden verschiedener Produkte und Möglichkeiten die besten Lösungen zusammenstellen will – dann muss er sich folgerichtig auch gut mit diesen Tausenden von Produkten und Möglichkeiten auskennen. Das ist insbesondere im B2B-Bereich, wo wir bei Microsoft über eine sehr breite Palette verfügen, ein echtes Problem.

> Spätestens an dieser Stelle wendet man sich einer anderen Überlegung zu.

MEHR INHALT IST DIE KUNST

Der Verkäufer, dessen Strategie sich aus 80 Prozent Beziehungsmanagement und 20 Prozent Inhalt zusammensetzte, muss daher gezwungenermassen stärker auf inhaltliche Fragen eingehen und die Verteilung dürfte mittlerweile meist eher 50/50 betragen. Bei uns stehen diese Verkäufer jedoch in enger Verbindung mit spezialisierten Gruppen, bei denen das inhaltliche, das technische Know-how 80 Prozent oder mehr ausmacht. Das sind die sogenannten „Technical Sales", die hinsichtlich der Produkte in jede beliebige Tiefe gehen können.

Das bedeutet: Der klassische Verkäufer muss mehr wissen als früher, aber ganz umfassende Detailkenntnisse braucht er auch weiterhin nicht: Sollten im Verlauf eines Verkaufs- oder Servicegesprächs wirklich Fragen aufkommen, die Expertenkenntnisse erfordern, kann er stets auf die Unterstützung seiner Kollegen zurückgreifen.

Im Rahmen eines sogenannten Readiness-Systems bieten wir regelmässig Trainings an, in der Regel Online-Videos und interaktive Kurse. Wann immer wir ein neues Produkt in unser Portfolio aufnehmen, muss die Belegschaft ein solches Training absolvieren, vorausgesetzt, das Wissen ist für den jeweiligen Bereich des Mitarbeiters relevant. Dort lernen sie, was die Value Proposition einer Lösung ist, was gegenüber der vorangegangenen Version verbessert wurde und weshalb sich die Kunden für dieses Produkt entscheiden sollten. Das Erwerben und Auffrischen von Wissen ist somit ein permanenter Prozess – aber anders lässt sich auf lange Sicht kein Profit machen.

> **Das Erwerben von Wissen ist ein permanenter Prozess.**

VON DER HAUPT- ZUR NEBENROLLE

Derzeit werden Verkäufer auf der Fläche im Detailhandel fast überall stark abgebaut. In manchem Elektronikmarkt muss man sich am Point of Sale schon sehr anstrengen, um einen Mitarbeiter des Geschäfts zu finden – und selbst dann sucht man ja meist keinen klassischen Verkäufer, sondern einen Berater. Das Erfahrungsspektrum ist in diesem Bereich sehr breit. Bei manchen Mitarbeitern merkt man, dass sie das angepriesene Produkt selber nutzen: Sie lassen ihre persönlichen Erfahrungen einfliessen und gestalten ein authentisches, glaubwürdiges Verkaufs- oder Beratungs-Gespräch. Auf der anderen Seite gibt es natürlich immer noch den „Staubsauger-Verkäufer", der Interessenten oberflächlich zu einem schnellen Abschluss drängt und bei Widerstand oder einer längeren Diskussion auch gerne abwimmelt: Das gewünschte Produkt ist nicht auf Lager, kann nicht bestellt werden, auf Wiederschauen!

Vielleicht liegt es daran, dass die Rollen dieser Mitarbeiter nicht mehr klar definiert sind. Sehen sie sich als Verkäufer? Die meisten Kunden würden sich gestört fühlen, wenn jemand auf sie zuträte, um ein Verkaufsgespräch zu beginnen. Sind sie Berater? Aber die Besucher haben sich in der Regel schon vorher im Internet über die Produkte informiert und überprüfen nur noch, was vor Ort erhältlich ist. Die Statistik besagt, dass sich in der Schweiz die Käufer bei 80 Prozent aller Käufe vorher im Internet informiert haben – noch eine Zahl, die steigen wird. Die Kunden sind bereits hervorragend informiert, wenn sie den Laden betreten.

> **Die Rollen der Mitarbeiter sind nicht mehr klar definiert.**

Das ist natürlich nur möglich, weil auch das Informationsangebot erheblich zugenommen hat. Trotzdem kann ein geschickter Verkäufer/Berater vor Ort durchaus in der Lage sein, bestimmte Beratungsgespräche herumzureissen und in Verkaufsgespräche zu verwandeln, indem er den Käufer für ein anderes Produkt begeistert, das ihm einen höheren Mehrwert bietet. Auch die Chance für Zusatzverkäufe sollte dabei immer ergriffen werden. Betreue ich als Verkäufer beispielsweise einen Kunden, der einen neuen PC kauft, kann ich ihm noch ein MS Office-Paket verkaufen. Das lohnt sich für mich ohnehin, weil in diesem Bereich die Margen deutlich höher sind.

Als Verkäufer am Point of Sale – und im Grunde auch in allen anderen Bereichen – muss ich also die Fähigkeit mitbringen, Menschen zu identifizieren, die den Laden nicht nur als Abholstation nutzen. Auch solche Käufer, die sich online informiert haben, können durchaus noch unsicher bezüglich ihrer Kaufentscheidung sein. Die Mühe einer Beratung wird dann gerne einmal mit einem Kauf belohnt, der über die Planung hinausgeht.

VIELE WEGE FÜHREN NACH ROM

Den Weg, den viele Kunden in der modernen Verkaufslandschaft beschreiben, nennt man „Omni Channel": Man schaut sich die Produkte im Laden an, bestellt aber online. Oder man ordert telefonisch und lässt nach Hause liefern. Oder man ist mobil auf dem Smartphone unterwegs und lässt das Produkt in der Filiale bereitstellen. Man kann sich über zahlreiche Kanäle informieren und bestellen. Daher arbeiten sehr viele Retailer unter Hochdruck daran, das Omni Channel-Prinzip in ihre Prozesse zu integrieren. Wer nicht bereit ist, dem Kunden auf dem Kanal seiner Wahl entgegenzukommen, wird lernen müssen, zurückzustecken.

Derzeit werden Grenzen aufgeweicht, die früher sehr scharf gezeichnet waren. Das geht so weit, dass manche Retailer sich Gedanken darüber machen, enger mit Konkurrenten zusammenzuarbeiten, um einen gemeinsamen Omni Channel für den Kunden zu öffnen – einfach, weil jeder für sich genommen nicht dazu in der Lage wäre, sei es aus logistischen oder organisatorischen Gründen, sei es aufgrund eines zu geringen Lagerbestands. Letzten Endes läuft es darauf hinaus, sich die eigenen Stärken und Kernkompetenzen bewusstzumachen und dort Leistung anzukaufen, wo Mängel bestehen.

Nehmen wir Apple als Beispiel. Seiner Marketing-Positionierung zum Trotz ist Apple kein Hersteller von Geräten, sondern Designer und Vermarkter. Das Unternehmen hat das Knowhow für die Herstellung, aber nicht die Produktionsmittel – die Produktion findet extern statt. Also wendet es sich (aus Kostengründen) an einen Hersteller in China, der auf diese Art von Technik spezialisiert ist, zugleich aber auch für HP, Microsoft und andere Konkurrenzanbieter fertigt. Die Diskussion über Arbeitsbedingungen mal beiseite: Apple hat sich mit den Gliedern der Wertschöpfungskette auseinandergesetzt und festgestellt, was inhouse zu machen ist und was besser ausgelagert werden sollte.

> Apple hat sich mit der Wertschöpfungskette auseinandergesetzt.

Ein stationärer Händler in guter Verkaufslage – beispielsweise in der Innenstadt oder einer Einkaufspassage – könnte sich mit einem Top-Online-Händler zusammentun, um sein Angebot und seine Reichweite zu vergrössern. Das ist mit einem Online-Anbieter namens Digitec passiert: Er wurde von melectronics aufgekauft, dem Consumer Electronics-Ableger von Migros, damit der Retailer sein Angebot in den Shopping-Centern erweitern konnte. So kommen zwei Firmen, die separat geführt werden, zusammen, um eine langfristige Strategie zu verwirklichen.

DAS REDEN GETROST DEM KUNDEN ÜBERLASSEN

Es kommt darauf an, ein Bewusstsein zu entwickeln: Was habe ich in der Vergangenheit verkauft, und was verkaufe ich heute? Und: Wie komme ich in den Kopf des Kunden?

Sicher ist ein bisschen Coaching nötig, um den Verkäufer aus der Vergangenheit in die Zukunft zu bringen. Dieser Coach könnte ein Kollege sein, der diese Reise schon gemacht hat, oder ein Vorgesetzter, der die nötigen Kompetenzen vorweisen kann. Und wenn ich als Geschäftsführer oder Personalchef niemanden habe, der diese Fähigkeiten besitzt, dann muss ich an Leute herantreten, die mir helfen können. Es gibt inzwischen spezialisierte Firmen, die Trainings zu diesem Thema anbieten. Auch wir schicken unsere Verkäufer bisweilen dorthin.

Doch die wichtigste Fähigkeit ist sicher das Zuhören. Der Typus Staubsaugervertreter, der einen Müllsack voller Staub in der Wohnung ablädt – „Erlauben Sie mir, Ihnen die Leistung dieses Wundergeräts zu demonstrieren!" – und keine Rücksicht auf die Wünsche des Kunden nimmt, hat schon lange ausgedient. Ein Verkäufer muss die Ohren aufsperren und die intellektuelle Kapazität mitbringen, das Gehörte zu verarbeiten und die richtigen Fragen zu stellen. Man muss dem Kunden ja nicht Idee um Idee servieren und hoffen, dass er anbeisst, sondern kann ihn mit den richtigen Fragen durchaus dazu bringen, dass er von selber darauf kommt. Dann setzt er schlussendlich seine eigenen Einfälle um und steht mit vollem Einsatz dahinter.

> **Ein Verkäufer muss die Ohren aufsperren und die richtigen Fragen stellen.**

Zuhören ist natürlich schwierig. Als Verkäufer hat man so viele Argumente, Entgegnungen, Vergleiche, Antworten und Geschichten im Hinterkopf, dass man sich geradezu zusammenreissen muss, beim Gespräch vor allem den Gegenüber zu Wort kommen zu lassen. Doch wer nicht zuhört, sondern nur die Konkurrenz, den Preis und die Strategie im Blick hat, übersieht den Kunden und die Signale, die dieser ihm sendet.

SIE HABEN IHR ZIEL ERREICHT

Viele Aspekte dieser neuen verkäuferischen Herangehensweise lassen sich theoretisch erläutern, an Beispielen aufzeigen und in Rollenspielen einüben, aber auf lange Sicht führt kein Weg an der praktischen Übung vorbei. Und da ist noch kein Meister vom Himmel gefallen. Jeder Kunde ist anders, jede Situation ist anders. Also sollte man

> **Jeder Kunde ist anders, jede Situation ist anders.**

sich darauf konzentrieren, Erfahrungen zu sammeln und eine Routine zu entwickeln, in der man sich wohlfühlt.

Wenn ich dem Kunden zuhöre ... Mit den richtigen Fragen kontere ... Auch mal Dinge infrage stelle, die als heilig und unanfechtbar gelten ... Erkenne, was er für Anforderungen hat, was er braucht ... Wenn ich diesem Weg geduldig folge ...

... Dann komme ich früher oder später im Kopf des Kunden an. Dort – und nur dort – kann ich verkaufen.

KAPITEL 2

FREDY PORTMANN
Leiter Key Account Management Region Central,
Swisscom Enterprise Customers

DIE NEUE ROLLE DES KEY ACCOUNT MANAGERS

Wer mit Key Account Management zu tun hat, konnte in jüngster Vergangenheit geradezu dabei zusehen, wie sich die Probleme häufen: Keine Zeit für den Kunden, eine Flut von Aufgaben und zugleich besteht keine Klarheit mehr über die eigene Funktion als Verkäufer. Was ist geschehen?

Spricht man über den Wandel, den die Welt des Verkaufs derzeit erlebt, wird gerne das Internet als Verursacher herangezogen. Das ist tendenziell richtig, zugleich aber auch die grobe Verallgemeinerung eines komplizierten Sachverhalts. Nicht nur der technologische Hintergrund des Verkaufs hat sich verändert, sondern auch die Produkte und der Kunde. Der Verkäufer wird sich seines eigenen Veränderungsbedarfs jedoch erst allmählich bewusst. Bei Swisscom haben wir erkannt, dass die Zeiten nicht aufhören, sich zu ändern – und uns daher dem Credo verschrieben, unser Key Account Management immer wieder neu zu erfinden.

DIE VIER ROLLEN DES KEY ACCOUNT MANAGERS

Angesichts unseres sehr breiten Portfolios sowie des nötigen Branchenwissens können wir von einer einzelnen Person nicht mehr erwarten, dass sie die gesamte Portfoliobreite selber betreuen kann. Jeder unserer Account Manager führt virtuelle Teams, erhält also bei der Betreuung eines Kunden Unterstützung durch zahlreiche Kollegen. Diese treten in der Regel als Consultants für technische oder Business-Belange auf, oder auch in der Rolle als sogenannter Specialized Sales.

Um unseren Account Managern die Arbeit zu erleichtern, haben wir ihre Aufgabenbereiche in vier Rollen aufgegliedert:

1. Kundenstratege
2. Interner Koordinator
3. Verkäufer und Betreuer
4. Analytiker und Business-Problemlöser

Als **Kundenstratege** formuliert der Account Manager zusammen mit seinem Team eine Kundenstrategie, also einen Plan für den gesamten Account.

Der **interne Koordinator** ist nicht ausschliesslich für administrative Aufgaben zuständig – obwohl sie dennoch zu seinem Aufgabenbereich zählen –, sondern sorgt vor allem für die korrekte Umsetzung der erarbeiteten Strategie.

Den **Verkäufer und Betreuer** haben wir mit aufgenommen, weil man für einen Kunden ja nicht nur schöne Strategien schreiben, sondern ihn auch konkret beraten und Services verkaufen will. Nur so können Verträge abgeschlossen werden.

Beim **Analytiker und Business-Problemlöser** ist vor allem der letzte Teil wichtig. Diese Funktion bedeutet nicht, dass der Account Manager bei IT- oder Netzwerk-Unterbrechungen anrücken muss – dafür gibt es andere Leute. Sein Job in dieser Rolle ist es, zusammen mit dem Kunden herauszufinden, an welchen Stellen sich die Telekommunikation, die IT und andere Business-Systeme schneller, zuverlässiger und effizienter gestalten lassen. Also Problemlösung durch Problemvermeidung und Optimierung der Geschäftsmodelle und -prozesse durch ICT.

Dieses Vier-Rollen-System stammt von Dr. Pius Küng, der es zusammen mit seinen Partnern aus der Unternehmensberatung entwickelt und in dem Buch „Key Account Management" veröffentlicht hat.[1]

AUF DEN KUNDEN EINSTIMMEN

Diese vier Rollen eignen sich sehr gut zur Systematisierung der Aufgaben, obgleich die Abgrenzung im Einzelfall ein bisschen verschwommen sein kann. Doch trotz der verschiedenen Rollen und der Grösse seines Teams gilt für die Kundenkommunikation die Prämisse „One Voice to the Customer". Klar ist es in der Praxis nicht immer machbar, dass alles über die Person des Account Managers geleitet wird, aber er sollte darauf achten, dass alle Personen, die mit dem Kunden in Kontakt treten, die Strategie verinnerlicht haben und dem Kunden die gleiche Botschaft kommunizieren.

> **Für die Kundenkommunikation gilt die Prämisse „One Voice to the Customer"**

Wie viele Personen mit dem gleichen Kunden zusammenarbeiten, kann durchaus variieren. Bei kleineren Kunden mögen das drei, vier Kollegen sein, die regelmässigen Kontakt haben. Grössere Kunden können aber durchaus die zehnfache Anzahl erforderlich machen, und ab da sprechen wir auch von der Führung eines virtuellen Teams. Der Key Account Manager befasst sich also auch mit der Orchestrierung dieses Teams.

Der Zeit- und Arbeitsaufwand der vier Rollen übersteigt leider oft das gewünschte Mass. Unsere Key Account Manager stöhnen häufig darüber, dass sie vor lauter Tagesgeschäft, Analyse

---

[1] Key Account Management, Praxistipps – Beispiele – Werkzeuge; Küng, Toscano, Schillig, Willi, Midas Management Verlag, 4. Auflage 2011, Seite 120 ff.

und Administration gar keine Zeit mehr für die strategische Weiterentwicklung des Kunden haben. Um dem zu begegnen, haben wir genau untersucht, wie die Account Manager ihre Zeit einsetzen. In der Regel können viele Aufgaben delegiert werden.

WEGBEGLEITER UND WEGBEREITER

Die Arbeit des Account Managers hat sich allein in den letzten Jahren stark verändert. Das merken wir auch bei Swisscom: In der Vergangenheit traten unsere Mitarbeiter in erster Linie als Produktverkäufer auf, die dem Kunden zum Beispiel ein Mobile-Gerät mit passendem Vertrag oder einen Datenanschluss mit bestimmter Bandbreite verkauft haben. Heute nehmen wir hingegen für uns in Anspruch, dem Kunden als Begleiter bei der Digitalisierung seines Geschäfts zur Seite zu stehen.

Daraus resultiert, dass der Account Manager zugleich als Beziehungsmanager und Challenger auftreten muss. Im Gegensatz zu früher muss er nicht nur über die IT-Bedürfnisse einer Firma diskutieren können – also auf der ganzen technischen Schiene versiert sein –, sondern auch Gesprächspartner für den Kunden sein, wenn es um Business Development geht. Durch die Neudefinition unserer Beziehung zum Kunden ist somit die Palette der erforderlichen Kompetenzen für den Account Manager um einiges breiter geworden.

> **Der Account Manager tritt zugleich als Beziehungsmanager und Challenger auf.**

Für die Swisscom Account Manager spielt die Neukundengewinnung kaum eine Rolle, weil wir praktisch keine Neukunden haben: Aufgrund der historisch gewachsenen Position nehmen wir sehr viele Geschäftsbeziehungen aus der Vergangenheit mit. In diesem Setting hat der Key Account Manager die Aufgabe, die Geschäftsbeziehung zu den Bestandskunden zu entwickeln und kontinuierlich den Share of Wallet zu vergrössern: Kunden halten, Kunden betreuen, Kunden weiter ausbauen.

DIE SWISSCOM-STORY

2001 habe ich als Leiter Key Account Manager bei Swisscom Mobile gestartet. Swisscom Mobile war dannzumal eine eigenständige Aktiengesellschaft. Damals lautete der Auftrag: Aufbau eines Key Account Managements für den mobilen Markt im Grosskundenbereich. Man erinnert sich, es war vor 15 Jahren keineswegs eine Selbstverständlichkeit, dass jede Person ein Mobiltelefon besitzt. Wir befanden uns in einem Gestaltungsmarkt voller Möglichkeiten – eine spannende Zeit. In der Startphase mit zehn und später bis 25 Mitarbeitern war unser Team vergleichsweise klein.

> **Vor 15 Jahren war ein Mobiltelefon keine Selbstverständlichkeit.**

Fünf Jahre später erfolgte eine Fusion mit der Festnetzsparte von Swisscom – damals noch unter dem Namen „Enterprise Solutions". Dadurch entstand eine neue Einheit, die unter der Bezeichnung „Corporate Business Unit" lief und die Firmenkunden für Festnetz und Mobilfunk sowie für Inhouse-Kommunikationslösungen bediente. Dort konnte ich erneut als Leiter Key Account Management tätig sein und hatte nicht nur deutlich mehr Mitarbeiter, sondern auch ein deutlich breiteres Portfolio zu managen. In dieser Corporate Business Unit bestand unsere Hauptaufgabe vor allem aus dem Aufbau mobiler Netzwerke, aber auch von Festnetzverbindungen und natürlich der Vernetzung der Unternehmen selbst: WAN-, LAN-, Data Center-Services und so weiter.

Und nochmal fünf Jahre später wurde die die nächste Fusion vollzogen, als sich unser Telekommunikationsbereich der Swisscom Schweiz AG mit der Swisscom IT Services AG zusammentat. Das Resultat ist eine Gesellschaft innerhalb von Swisscom-, die sich „Enterprise Customers" nennt. Dort habe ich bis zum 31.12.2015 eine Einheit mit dem Titel „Large Enterprises" geleitet. Wir bedienten rund 180 Top-Kunden in der Schweiz über das gesamte Portfolio: vom Data Center über PC-Arbeitsplätze und Unternehmensvernetzung bis hin zum Mobile Device. Ab dem 01.01.2016 haben wir unsere Verkaufsorganisation in drei geografische Regionen aufgeteilt. Meine neue Verantwortung ist die Leitung der Region Central (Kantone BE, SO, BL, BS, AG, LU, NW, OW, UR, ZG). In dieser Region werden mehr als 1.300 Kunden von Swisscom Enterprise bedient.

WIR KNÜPFEN NETZWERKE

Einer unserer Kunden ist ein grosser Schweizer Detailhändler. Ein Unternehmen, das primär in der Schweiz tätig ist und fast 100.000 Mitarbeiter in mehreren Hundert Filialen beschäftigt. Heute sind all diese Filialen mit der Zentrale vernetzt. Die Kassensysteme funktionieren praktisch nur, wenn sie online sind – sie brauchen die Datenverbindung zum Headquarter, um ihre Funktionen zu erfüllen.

Neben dem klassischen Lebensmittelgeschäft vertreibt Migros auch Sportartikel, Elektronik, Gartenbedarf und Einrichtung, betreibt eigene Baumärkte und einen Reiseveranstalter. Die Gruppe unterhält Produktionsbetriebe und sogar eine eigene Bank, die Migros-Bank. Und wir möchten IT- und Telekommunikationslösungen liefern, die für all diese unterschied-

lichen Betriebe gleichermassen geeignet sind. Worauf läuft das hinaus?
- Interne Unternehmensvernetzung
- Anbindung der einzelnen Filialen
- Einbindung der Kassensysteme
- Installation von Warenannahmesystemen
- Aufbau von Rechenzentren.

Das ist nur ein knapper Abriss unseres Portfolios für Enterprise-Kunden. Man sieht bereits, dass es sich um sehr unterschiedliche, aber auch zusammenhängende Funktionen handelt. „Vernetzung" ist der Schlüsselbegriff – Vernetzung und der Aufbau von Systemen, um auf die darin verbundenen Elemente zugreifen zu können. Zu unseren Grosskunden zählen zudem auch staatliche Organisationen in Form der einzelnen Kantone: Diese verfügen ebenfalls über umfassende IT-Zentren. Auch dort können wir Gemeinden, Ämter, Gebäude und Ansprechpartner vernetzen.

EIN GROSSER SCHRITT FÜR DEN VERKÄUFER

Zurück zu der Frage, wie der Verkäufer den Sprung in die Zukunft schafft. Wir hatten bereits festgestellt, dass die Grundvoraussetzungen selten lange stillstehen – stets ausgehend von der technischen, gesellschaftlichen, politischen und kulturellen Entwicklung. Der Verkauf gehört zu den Funktionen, die sich im Krisen- oder Aufschwungsfall am schnellsten adaptieren. So wurde früher beispielsweise eine Form von Product Selling praktiziert, die stark auf einem beratenden Ansatz beruhte und darauf hinauslief, dass der Verkäufer dem Kunden als Informant und Analytiker zur Verfügung stand. Heute beobachtet man jedoch in mehr und mehr Settings das sogenannte „Inside Selling", bei dem man zusammen mit dem Kunden Modelle diskutiert und gemeinsam kreativ wird, anstatt ihm Angebote aus einer vorgefertigten Auswahl zu unterbreiten.

Anders formuliert: Der grosse Schritt, den der Verkauf an dieser Stelle bereits unternimmt, ist die reflektierte Herangehensweise an den Kunden. Dieser war bisher einfach der Käufer und Anwender des Produkts, das man ihm verkaufen wollte. Heute muss er sich immer häufiger zwischen „make or buy" entscheiden: Soll er das Gewünschte selber produzieren, oder soll das ein externer Partner – etwa die Swisscom – für ihn übernehmen?

> Der Kunde muss sich immer häufiger zwischen „make or buy" entscheiden.

GANZ UND GAR KEIN NEULAND

Zudem muss ich mich als Verkäufer fragen, wie die Digitalisierung das Geschäftsmodell des Kunden beeinflusst. „Digitalisierung" hat sich in den vergangenen Jahren zu einem Schlagwort entwickelt, aber darüber darf man nicht vergessen, dass auch dieser Prozess noch lange nicht abgeschlossen ist. Was bringen kommende Entwicklungen in puncto mobiler Anwendungen, neuer Datenübertragungswege und transparenter Kunden und Anbieter mit sich? Was wird entstehen, was wir heute noch gar nicht absehen können – so wie ein Verkäufer im Jahre 1980 vom Konzept des Internets komplett überfordert gewesen wäre? Auf diese Überlegungen folgt wie von selbst die zentrale Frage: Wie sorge ich als Verkäufer dafür, dass ich auf dem Markt von morgen noch immer für meinen Kunden relevant bin?

Retailhändler wie Coop und Migros haben es da etwas einfacher – es ist zu vermuten, dass die Menschen auch in ferner Zukunft noch immer essen müssen und wollen. Trotzdem verändert sich auch hierzu das Einkaufsverhalten der Kunden deutlich. Aber schauen wir uns an, wie die Bankenlandschaft im gleichen Zeitraum beeinflusst wurde. Es ist noch nicht so lange her, dass man persönlich in der lokalen Zweigstelle vorbeischauen musste, um Geld abzuheben und Überweisungen zu tätigen. Dann kamen Bankautomaten auf, und der Schalterbeamte erlebte bereits zurückgehende Besucherzahlen. Es folgten Überweisungsautomaten, Online-Banking, EC-Zahlungsterminals in Geschäften, sodass man komplett ohne Bargeld unterwegs sein konnte. Heute nutzen immer weniger Kunden die Filialen, um den Zahlungsverkehr abzuwickeln. Als Reaktion auf diese Veränderung haben die Banken ihre Niederlassungen komplett neu gestaltet oder gar geschlossen. Im Ort stehen EC-Automaten, die Kunden sind online, bei Fragen kann man anrufen – wozu braucht eine Bank da noch physische Vertretung?

Ein anderes Beispiel ist das, was wir als „Printmedien" bezeichnen (ein Begriff, von dem wir uns möglicherweise bald wieder trennen müssen): der ganze Zeitungs- und Zeitschriftenmarkt. Hier kann man sehr schön beobachten, was mit einer Branche passiert, die spürt, dass ihr Produkt vollkommen digitalisiert werden kann. Einige der dortigen Anbieter entwickeln sehr geschickt neue Geschäftsmodelle, die die Transformation von einer physischen in eine digitale Welt vorantreiben.

> **Transformation von einer physischen in eine digitale Welt**

EINE STRATEGIE FÜR DAS INTERNET

Die meisten Zeitungsanbieter sind derzeit bemüht, ihr Angebot zu digitalisieren und im Rahmen dieses „neuen" Mediums wieder in ein Abonnement-Geschäft umzuwandeln. An und für sich ja eine ideale Kombination: Im Internet verursachen Zeitungsabonnements weder Papier- noch Lager- oder Lieferkosten. Daher sind Verleger derzeit massiv bemüht, ihre Zeitungen ins Netz zu transportieren. Da spielt natürlich auch das Anzeigengeschäft eine Rolle – eine Sparte, in der sich Google & Co. in den letzten Jahren allzu häuslich eingerichtet haben.

Kunden, die sich in dieser oder einer ähnlichen Situationen befinden, möchten wir ermutigen, mit uns zusammen ihre Strategien zu reflektieren. So können sie den Veränderungen begegnen, welche die Digitalisierung für das jeweilige Geschäftsmodell bedeutet. Für unsere Enterprise-Kunden ist das eine höchst willkommene Möglichkeit.

Ein solcher Ansatz – Reflektieren und Beraten – ist kein klassisches Verkaufen in dem Sinne, dass Produkt oder Dienstleistung A gegen finanzielle Kompensation den Besitzer wechselt. Dafür wird aber die Kundenbeziehung stark untermauert, wenn man mit dem Firmenpartner am Flipchart steht, ihn inspiriert und sich gemeinsam den Kopf zerbricht. Die eigentlichen Geschäfte kommen später.

> Beraten ist kein klassisches Verkaufen. Die Geschäfte kommen später.

WER AUSTAUSCHBAR IST, VERSCHWINDET

Man sieht bereits, dass sich in dieser neuen Beziehung alles um Vertrauen dreht: Was der Kunde vor allem braucht, ist ein Partner, der ihn berät und Probleme für ihn löst. Der Verkäufer muss Abstand vom rein transaktionalen Verkauf nehmen und stärker in die beratende Tätigkeit hineinwachsen oder sogar ins Inside Selling.

Produkte und Leistungen, die keinen Beratungsbedarf mit sich bringen – die von Stückzahl und Anwendungsrahmen her relativ unmissverständlich sind –, kann man zunehmend auf E-Channels verlagern, vielleicht sogar vollständig: Registrierung, Bestellung, Rechnungserstellung und Archivierung über Internet-Portale, und der Anbieter braucht seine Räumlichkeiten nur noch zur Warenlagerung, Distribution und Verwaltung.

Einer der Kunden, die wir betreuen, hat sich auf diese Weise neu ausgerichtet. Er verkauft Elektrobedarf, also Steckdosen, Kabelkanäle, Verteilerkästen und andere Artikel für die Elektro-Installation. Mittlerweile findet sein Geschäft zu rund 80 Prozent online statt – zu Lasten der Kundenbindung, wie man später festgestellt hat. Deshalb hat das Unternehmen neue Massnahmen angestossen, um sich stärker als Beratungspartner zu positionieren. Im Internet besteht sofort die Gefahr, dass man schnell austauschbar wird. Das ist die Kunst: Wie hält man den Kunden bei der Stange, wenn das Produkt auch bei tausend anderen Anbietern erhältlich ist – gar zu günstigeren Preisen?

Austauschbarkeit ist ein Problem, das nicht auf die leichte Schulter genommen werden darf. Nicht nur, was die Produkte selbst betrifft: Auch Informationen lassen sich mühelos aus dem Internet beziehen. Will ich als Verkäufer eine beratende Position einnehmen und kann dem Kunden mit nichts als reinen Produktinformationen dienen, werde ich trotzdem den Kürzeren ziehen. Im Internet gibt es nicht nur ausführliche Produktbeschreibungen, sondern auch Bewertungsportale, Foren, auf denen sich Nutzer zum Produkt austauschen und andere Informationsquellen. Auf dieser Grundlage kann der Käufer seine Entscheidung ganz al-

Austauschbarkeit darf nicht auf die leichte Schulter genommen werden.

leine treffen, ohne jemals einen Verkäufer – oder Berater – zu Gesicht zu bekommen.

KURZLEBIGE INNOVATIONEN

Eine weitere Entwicklung, die jetzt schon erheblichen Wandel nach sich zieht, ist das Entstehen von Cloud-Services. Brauchte man etwa früher ein Data Center, hat man sich an einen Anbieter gewandt, und der hat einem in den eigenen Räumlichkeiten eine Installation für Computing und Storage nach Wunsch aufgebaut. Dafür gibt es heute Cloud-Services.

Ausserdem werden die Produktzyklen kürzer, und zwar erheblich. Insbesondere im IT- und Telekommunikationsmarkt ist das sehr gut zu beobachten. Hat man sich vor 20 Jahren eine Telefonzentrale für das eigene Haus geleistet, durfte man mit einer Einsatzzeit von zehn oder gar 15 Jahren rechnen. Heute kauft man stattdessen eine sogenannte „Unified Communication Collaboration Plattform" mit einer Serverlaufzeit von drei bis vier Jahren, und die darauf befindliche Software erhält ohnehin pro Quartal mindestens ein neues Update.

Die Mobiltelefonie ist ebenfalls von kürzeren Lebenszeiten geprägt. Früher hat man ein Handy mehrere Jahre benutzt, inzwischen gibt es Personen, die wechseln ihr Gerät zweimal im Jahr. Die grossen Hersteller wie Apple und Samsung kommen dieser Tendenz gerne entgegen, indem sie in atemberaubender Geschwindigkeit neue Modelle auf den Markt bringen.

Wo wir schon beim Mobilfunk sind: Früher galten SMS und Voice Communication als massgebliche Kommunikationskanäle der mobilen Telefonie. Dann kam ganz langsam die Möglichkeit auf, Daten per Handy zu übertragen. Mittlerweile befinden wir uns in der vierten Mobilfunkgeneration, und viele Menschen nutzen die Geräte nur noch peripher zum Telefonieren. Die Leute wickeln immer mehr mit ihren Smartphones ab, und infolgedessen steigt auch der Bedarf an Datenvolumen und Bandbreite kontinuierlich.

Das sind nur ein paar von vielen Beispielen für einen ganz neuen, dynamischen Markt, der sich aktuell entwickelt.

DIE PREISE FALLEN

Daraus resultiert wiederum permanenter Erneuerungsbedarf, und über diesen kann man wieder den Weg zum Kunden finden. Er möchte ja wettbewerbsfähig bleiben und braucht daher Unterstützung, um Hard- wie Software auf dem neusten Stand zu halten. Zumal die ständige Veränderung ja auch hohe Ansprüche an den Benutzer stellt: Mitarbeiter müssen häufig trainiert und in die Handhabung – und natürlich den Verkauf – neuer Systeme eingeführt werden.

> Die ständige Veränderung stellt hohe Ansprüche an den Benutzer.

Allerdings hat diese Kehrseite der Medaille ihrerseits wieder eine Kehrseite, und das ist die Tatsache, dass Produkte tendenziell immer günstiger werden. Als Anbieter kann ich es mir ganz grob selbst ausrechnen: Kostete z.B. eine Hardware vor fünf Jahren eine Million CHF, dann kann man diese heute höchstens für CHF 200.000 verkaufen – und morgen vielleicht nur noch für 50.000. Man muss also immer mehr leisten, immer schneller laufen, nur um auf dem gleichen Niveau zu bleiben.

EIN BILD VON EINEM KEY ACCOUNT MANAGER

Wir haben uns die Frage gestellt: Wie sieht auf einer solch dynamischen und unberechenbaren Bühne der Key Account Manager der Zukunft aus? Die eigentliche Verkaufstätigkeit kam in unserer Skizze nur als ein Aspekt von vielen vor. Vor allem sollte er analytisch-strategische Fähigkeiten mitbringen und nicht nur das unmittelbare geschäftliche Umfeld des Kunden betrachten, sondern auch in grösseren Marktzusammenhängen denken. So kann er Kundenstrategien aus einer umfassenderen Perspektive formulieren.

Auch Soft Skills sind wichtig. Er ist Mitglied eines Teams, zugleich aber auch Leiter virtueller Teams: Diesen Spagat muss er virtuos beherrschen. Zudem spielen Self Management und Self Awareness eine Rolle, also die Fähigkeit, sich selbst im Auge zu behalten, angemessen mit Frustration umzugehen, positiv zu denken und Teammitglieder ebenso wie Kunden mit auf die Reise zu nehmen. Dafür muss man auch in der Lage sein, Beziehungen aufzubauen und diese langfristig zu pflegen.

Um auf dem internationalen Markt zu bestehen, braucht man etwas, was wir „interkulturelle Fähigkeiten" nennen. In Zeiten von Globalisierung und weltweiter Vernetzung vergisst man gerne mal, dass zwischen zwei Menschen immer noch erhebliche kulturelle Differenzen klaffen können. Für den Verkauf ist das von erheblicher Bedeutung. Konzerne, die nach angelsächsischen Mustern geführt werden, betreiben oft Buying Center, die über die ganze Welt verteilt sein können. Um dort zu bestehen, reichen erstklassige Sprachkenntnisse nicht aus – man muss auch Reisebereitschaft und eben interkulturelle Kompetenz

> Auf dem internationalen Markt braucht man interkulturelle Kompetenz.

mitbringen. Dies ist ein weiterer Bereich, in dem kontinuierliche Weiterentwicklung nötig ist, um Schritt zu halten.

VERKAUFEN – EINE ARBEIT OHNE ENDE

Dass sie nie zu einem Ende kommen, ist ein generelles Charakteristikum dieser Bemühungen – ebenso wie der Markt nicht einfach aufhört, sich zu verändern. Angenommen, man hat endlich nach grossem Zeit- und Arbeitsaufwand eine stabile Beziehung zu einem CIO aufgebaut – einem Chief Information Officer. Was passiert? Ein Jahr später wird er entweder befördert, wechselt die Stelle oder verliert seinen Job. Daher hat der Key Account Manager eine kontinuierliche Aufgabe zu erfüllen.

Und wie finde ich als Verkaufsleiter einen Kandidaten, der fähig ist, am Ball zu bleiben? Schon bei der Auswahl kann man auf bestimmte Kriterien achten: Ein Bewerber im dreissigsten oder vierzigsten Lebensjahr, der nicht sehr gut Englisch kann, wird sich schwertun, diese sprachlichen Kenntnisse im Nachhinein zu erwerben. Hier zahlt es sich aus, für diese Qualifikation nach Bewerbern Ausschau zu halten, die sich bereits im Umfeld amerikanischer Konzerne behauptet haben.

UNIQUE SELLING POINTS TO SUCCESS

Im globalen Wettbewerb wird aufgrund der internationalen Vergleichbarkeit mit noch härteren Bandagen gekämpft. Werden Services nicht mehr von Ländergrenzen beeinflusst, habe ich als Kunde freie Wahl zwischen Anbietern. Dann muss ich mich nicht für Swisscom entscheiden, sondern kann je nach Service auch auf die Deutsche Telekom, Microsoft oder Ama-

> **Man muss USPs finden, um mit der eigenen Leistung zu überzeugen.**

zon ausweichen. Man muss als Unternehmen USPs finden, um die Kunden auch weiterhin vom Wert der eigenen Leistung zu überzeugen. Das beinhaltet nicht nur die reine Beratung, sondern auch „weiche" Aspekte wie die Erfahrungen, die der Kunde mit dem Kauf und der Nutzung der Services verbindet.

Am Ende muss man einfach einsehen, dass der Verkäufer alleine nicht das Geschäft macht. Natürlich muss er clever sein und in der tatsächlichen Verkaufs- und Beratungssituation flink agieren. Zugleich braucht er aber auch ein gutes Produktportfolio, eine fähige Firma, die ihm den Rücken stärkt. Und natürlich ist es mit dem einzelnen Verkauf nicht getan – der Weg muss für einen Wiederverkauf geebnet werden. Und das geht nicht, wenn der Service nicht von Anfang an und über die gesamte Nutzungsdauer stimmt.

KAPITEL 3

ROGER WÜTHRICH-HASENBÖHLER

Leiter Geschäftsbereich Kleine und Mittlere Unternehmen der Swisscom AG sowie Mitglied der Swisscom-Konzernleitung

VERKAUFEN HEISST VERKAUFEN

Ich habe die Erfahrung gemacht, dass gerade die Verkäufer am besten verkaufen, die bei den Kunden beliebt sind, die eine Beziehung aufbauen und auf den Kunden eingehen können. Das haben die guten Verkäufer im Blut. Sie schaffen es, beim Käufer Vertrauen aufzubauen. Entsteht keine gemeinsame Wellenlänge zwischen Verkäufer und Kunde, wird es schwierig, erfolgreich zu verkaufen.

> Entsteht keine gemeinsame Wellenlänge zwischen Verkäufer und Kunde, wird es schwierig erfolgreich zu verkaufen.

Ein wirklich guter Verkäufer ist ein offener Mensch mit einer ebenso offenen Art. Die braucht er, um auf Menschen so zuzugehen, dass diese sich damit wohlfühlen. Hinzu kommt, dass er Freude entwickeln können muss, egal ob bei ihm selbst oder beim Kunden. Er muss sein Produkt mögen und er muss stolz darauf sein, dieses verkaufen zu dürfen. Erst dann kann er Freude beim Kunden entwickeln und ihn von seinem Produkt überzeugen.

Ebenfalls zentral ist, dass der Verkäufer kompetent ist. Die Kompetenz sollte relativ breit sein, sie muss nicht unbedingt tief sein oder vertikal bis ins letzte Detail gehen, sondern er muss die Kompetenz mitbringen, den Kunden zu verstehen, zu wissen, was er braucht, sodass der Kunde nachher das Gefühl hat: Diese Person weiss, wovon sie spricht, da fühle ich mich wohl, ich habe Vertrauen in diese Person, dass dabei nachher die richtige Lösung oder das richtige Produkt herauskommt.

Bei mir selbst hat sich das im Laufe meiner Verkaufskarriere entwickelt. Studiert habe ich Elektroingenieurswesen, nach dem Abschluss habe ich auch im Bereich Netzwerktechnologie gearbeitet. Zum Verkauf gewechselt habe ich auf den Rat eines Mentors hin. Im Verkauf habe ich damit angefangen, dass ich erstmal Beziehungen aufgebaut und wichtige Verkaufserfahrungen gesammelt habe. Ich habe mich immer auch auf mein Gefühl und meinen Instinkt verlassen. Ich war im direkten wie im indirekten Vertrieb auf allen Kanälen unterwegs. In dieser Zeit habe ich ein Wachstums- und ein Turnaround-Thema gemanagt, zuletzt bei der Swisscom als Verantwortlicher für Marketing und Sales im Grosskundenbereich. Da sollte eine Telekomfirma den Wandel zu einer modernen ICT-Firma durchmachen. Meine Erfahrungen zusammengenommen, haben mich zu einem Verkaufsprofi gemacht.

> Ich habe mich immer auch auf mein Gefühl und meinen Instinkt verlassen.

DER VERKÄUFER DER ZUKUNFT VEREINT KOMPETENZ UND VERTRAUEN

Ich glaube, dass die Verkäufer der Zukunft ein breites Wissen brauchen, denn sie müssen in der Lage sein, die Problemstellung beim Kunden oder dessen Bedürfnisse zu erfassen. Darauf aufbauend müssen sie mit dem Kunden folgendes erarbeiten können: was ist das konkrete Bedürfnis? Was ist die Problemstellung? Sie müssen in der Lage sein, mit dem Kunden zusammen das Problem sowie das Bedürfnis klar zu definieren.

Wenn das geschehen ist, müssen Sie dem Kunden Lösungsvorschläge machen können, also:
- In welche Richtung kann dieses Bedürfnis oder dieses Problem gelöst werden?
- Was sind Elemente, die dabei wichtig sind?

- Wie sieht ein solches Lösungselement aus?
- Und wie könnte das aufgebaut sein?
- Wie kann eine Umsetzung aussehen?
- Mit welchen Kosten ist zu rechnen?

Das Ziel dabei ist, dass der Lösungsvorschlag nachher von Experten konkretisiert werden kann. Aber das beides reicht nicht, wenn der Kunde dem Verkäufer nicht vertraut. Denn nur dann wird er auch darauf vertrauen, dass das Produkt oder der Service eine verlässliche Lösung ist, die er vertrauensvoll einsetzen kann. Nur dann vertraut er darauf, dass das, was man miteinander erarbeitet hat, seine Erwartungen erfüllen wird. Das Vertrauen, das ein Verkäufer aufbaut und vom Kunden bekommt, ist zentral und wird es auch in Zukunft bleiben. Ich glaube, wenn der Kunde dem Verkäufer vertraut, dann hat dieser es geschafft, dem Käufer das Gefühl zu geben, dass er eine gute Lösung zu einem fairen Preis-Leistungs-Verhältnis bekommt.

Zusammenfassend: Es ist so, dass man das Vertrauen des Kunden gewinnen muss, indem man derart kompetent in der Branche ist, dass man eine Lösung vorschlagen kann, die die dem Kunden Sicherheit gibt. Hier wird das Problem gelöst oder das Bedürfnis zufriedenstellend erfüllt. Erst wenn diese drei Faktoren zusammenkommen, kauft der Kunde, heute wie in Zukunft. Ich glaube, es erwartet heute kein Kunde mehr, dass man ihm erklärt, wie die Lösung genau funktioniert. Der Verkäufer muss dem Kunden nicht erklären: „Okay, damit das funktioniert, nutzen wir Server A, der hat die Technik soundso", sondern mehr in die Richtung: „Wenn wir die Cloudtechnologie nutzen, dann müssen Sie sich nicht mehr um die Server kümmern". Die Erwartungshaltung, dass alles im Detail erklärt werden muss,

> **Die Erwartungshaltung, dass alles im Detail erklärt werden muss, nimmt ab.**

nimmt ab. Die ist nicht mehr matchentscheidend. Auch in Zukunft nicht. Der Kunde will die Gesamtzusammenhänge kennen und nicht die Produktedetails.

Ich leite bei der Swisscom den Bereich KMU. Ich verantworte damit einen Bereich, der 1,5 Milliarden an Umsatz schwer ist, und es arbeiten etwa 2.000 Leute in diesem Bereich. Zusammen kümmern wir uns um etwa 350.000 Kunden. Zusätzlich bin ich Mitglied der Swisscom-Konzernleitung und habe entsprechend die Profit-and-loss-Verantwortung für dieses Segment.

Im Recruiting lege auf die bereits genannten drei Punkte wert. Wichtig ist erstmal, dass der Bewerber eine **Kompetenz** mitbringt, die ihn das Geschäft machen lässt. Es ist also eine Grundvoraussetzung, dass er eine Ausbildung hat, die ihm die Kompetenz gibt, ein Thema zu vertreten. Wenn das stimmt, geht es um die **Persönlichkeit**.

- Was ist der Verkäufer für eine Person?
- Wie geht er auf Kunden zu?
- Kann er zuhören?
- Kann er mit dem Kunden eine Lösung erarbeiten?
- Ist er empathisch?
- Kann er auf verschiedene Situationen reagieren?
- Kann er mit unbequemen Kunden umgehen?

> Für mich ist die Persönlichkeit eines Verkäufers eines der wichtigsten Entscheidungskriterien im Bezug auf eine Anstellung.

Für mich ist die Persönlichkeit eines Verkäufers eines der wichtigsten Entscheidungskriterien im Bezug auf eine Anstellung. Im Lösungsverkauf haben wir zwar Experten, aber bei kleineren Kunden, wo Produkte auch etwas standardisierter sind, haben wir auch viele Quereinsteiger. Und die sind in der Regel erfolgreicher als klassisch ausgebildete Experten. Denn sie können teilweise eine Situation ganz anders beurteilen und den Kunden auf eine andere Art beraten und betreuen, als es ein Experte macht. Dieser läuft viel stärker Gefahr, dass er den Kunden mit technischen Details langweilt, die den Kunden überhaupt nicht interessieren. Sie versuchen alles zu erklären, ohne darauf zu achten, ob der Kunde sie überhaupt noch versteht. Dabei geht es darum, das Gespräch auf ein Niveau zu bringen, wo der Kunde versteht und verstanden wird, sich ernstgenommen fühlt und nicht das Gefühl bekommt, er sei ein Laie, der dem Experten hilflos ausgeliefert ist. Auf Augenhöhe dem Kunden zu begegnen und seine Kompetenz auszuspielen, ohne den Kunden als Anfänger alt aussehen zu lassen, sondern ihn in die Lösung einzubeziehen, als hätte er selber die Ideen gehabt – das ist die hohe Schule des Verkaufs.

VOM PRODUKT ZUR LÖSUNG

Fakt ist: In der Vergangenheit haben wir Produkte verkauft. Wirkliche Produkte: Etwas zum Anfassen, Produkte, die die Kunden verstehen konnten. Heute verkaufen wir Services oder Lösungen und das bringt eine Anforderung mit sich, nämlich, dass wir dem Kunden viel mehr den Mehrwert aufzeigen müssen, weil die Dienstleistung nicht mehr fassbar ist. Diese Lösungen für Probleme, welche sich auch erst in der Zukunft zeigen werden, aber den Kunden in die Lage versetzen, sie zu lösen, bestehen aus verschiedenen Lösungselementen, welche auf unterschiedlichen Dienstleistungen und Services basieren können. Das ist eine grundlegende Veränderung gegenüber der Vergangenheit. Heute sind Verkäufer noch im Produkte- und Servicegeschäft tätig, künftig wird das Verkaufen von Lösungen immer mehr im Mittelpunkt stehen und der Verkäufer muss eine breite Kompetenz aufweisen, um mit dem Kunden zusammen das Problem herausstellen und um nachher eine Lösung skizzieren zu können. Also das Wissen, dass er die Details nachher nicht selber macht, die übernimmt dann der Experte, jemand, der dann wirklich in dem Gebiet ein vertieftes Know-how hat. Die Kunst des Verkaufs wird es immer mehr sein, verschiedene Elemente zusammenbringen zu können, damit am Ende eine Lösung für den Kunden gefunden wird, die dann anschliessend auch intern mit den jeweiligen Spezialisten umgesetzt werden kann.

Um es zusammenzufassen: Früher war das eher ein Produktverkauf, heute ist es ein Servicegeschäft, ein Solution-Geschäft, in dem man mit dem Kunden zusammen eine Lösung suchen muss, die das Problem löst, das er hat. Und ich glaube, genau hier braucht es eben einen Verkäufer, der zuerst das Bedürfnis erkennt. Ein klassischer Fall bei uns wäre z.B. wenn ein KMU mit verschiedenen Standorten auf ein virtuelles Netzwerk zugreifen können muss. In diesem Fall muss der Verkäufer dem Kunden aufzeigen können, wie das gemacht wird, was er dazu zusätzlich braucht, damit die Lösung auch funktioniert und sicher ist. Das ist im Gegensatz zu früher, wo wir einfach einzelne Produkte für eine Vernetzung zusammengestellt haben, ein grosser Unterschied.

> **Früher war das eher ein Produktverkauf, heute ist es ein Servicegeschäft, ein Solution-Geschäft**

Heute sind die Anforderungen an den Verkäufer bedeutend grösser. Er muss eine Lösung vorschlagen, die:
A) das Bedürfnis optimal adressiert und
B) auch einen vernünftigen Preis hat, den der Kunde zu zahlen bereit ist.

Das Internet und wie wir damit umgehen, hat sich über die Zeit auch massiv verändert. Wenn vor 15 Jahren ein Internetanschluss nicht lief oder es eine Störung gab, dann war das nicht weiter tragisch. Heute hängt davon alles ab! Wenn ein Internetanschluss nicht läuft, dann kann diese Firma faktisch nicht mehr arbeiten und muss die Mitarbeitenden nach Hause schicken. Darauf muss ich als Verkäufer den Kunden aufmerksam machen. Was passiert eigentlich, wenn eine Störung vorliegt? Kann er dann noch produzieren, kann er noch sein Geschäft machen oder braucht er für diesen Fall eine Lösung wie etwa eine zweite Leitung? Hier unterscheiden sich durchschnittliche Verkäufer von den sehr guten Verkäufern. Kann ich dem Kunden aufzeigen, wo er ein Problem bekommen kann? Habe ich schon die Lösung dafür bereit und schöpfe das Zusatzpotenzial damit ab? Der Verlust eines Kunden ist ungemein grösser, wenn der Betrieb über Stunden stillsteht, ist der Verlust des Kunden ungemein grösser als eine Redundanz in der Lösung.

Hier ist es die Aufgabe des Verkäufers, genauer hinzusehen, das Geschäft des Kunden eben zu kennen, sich dafür zu interessieren und dem Kunden eine Lösung anzubieten, die seine Bedürfnisse erfüllt und die ihn kompetetiv in seiner Sparte und in seinem Kerngeschäft macht. Das ist schon eine viel grössere Herausforderung, als das früher der Fall war, als man dem Kunden Produkte verkaufte.

In unserer komplexen Welt ist Einfachheit der Schlüssel zum Erfolg. Viele Firmen möchten möglichst einfache Lösungen zum Kunden bringen, eben weil der Kunde genau das möchte. Hinzu kommt, dass einfache Lösungen mehr gebraucht werden und auch mehr Umsatz bringen. Mit komplexen Lösung frustriert man den Kunden, aber auch die Mitarbeitenden, welche diese für ihre Arbeit benötigen. Erinnern Sie sich an die hochgelobten Nokiageräte von früher, die

> **In unserer komplexen Welt ist Einfachheit der Schlüssel zum Erfolg.**

den Markt vor dem Siegeszug der Smartphones beherrschten? Wollte man auf diesen eine Applikation installieren, musste man eine Art Programmiersprache verwenden, um über die WAP (Wirless Application Plattform) irgendwann eine Verbindung ins Internet herstellen zu können. Erst dann konnte man die Anwendung benutzen. Das iPhone von Apple hat das so vereinfacht, dass es intuitiv und im wahrsten Sinne des Wortes kinderleicht ist. Mit einer Handbewegung, die ganz normal ist, wird das Menü gesteuert. Das Resultat ist bekannt, es gibt heute Hunderttausende von Apps, welche wir tagtäglich nutzen und die nicht mehr aus unserem Alltag wegzudenken sind. Das ist Einfachheit in Reinkultur und zeigt, welches Potenzial sich darin verstecken kann.

> Ein Verkäufer, der das Geschäft seines Kunden nicht kennt oder sich nicht die Mühe macht, hier vertieft einzusteigen, wird keinen Erfolg haben.

Das heisst: Für den Kunden ist es einfach, aber im Hintergrund ist es sehr komplex aufgebaut. Damit wir unsere Smartphones mit den Händen oder intuitiv steuern können, braucht es erstmal sehr viel Komplexität. Und wenn man das jetzt transferiert, ist das Lösungsgeschäft genau das: Man muss einem Kunden eine einfache Lösung anbieten können, auch wenn diese im Hintergrund, aus Anbietersicht, sehr komplex ist. Das heisst, dass der Verkäufer heute die Herausforderung hat, dass er das Problem oder das Bedürfnis des Kunden erkennen muss – vielleicht zusammen mit dem Kunden, durch geschickte Fragestellung oder durch Analyse des Problems. Die Lösung seines Problems kann erfordern, dass er nur ein Element braucht, es kann aber auch sein, dass er noch drei weitere braucht, die dann zusammen das Problem auf möglichst einfach Art und Weise lösen können. Dafür muss ein Verkäufer schon tief in die Bedürfnisanalyse einsteigen und das Geschäft des Kunden kennen. Ein Verkäufer, der das Geschäft seines Kunden nicht kennt oder sich nicht die

Mühe macht, hier vertieft einzusteigen, wird keinen Erfolg haben.

Diese Veränderungen gehen auch an unserer Branche nicht vorbei: Früher haben Sie einen Internetanschluss bestellt, dieser Anschluss wurde installiert und aufgeschaltet, fertig. Da brauchten Sie keine Beratung. Heute brauchen Sie noch ein Sicherheitselement, eine Firewall oder eine Verschlüsselungssoftware. Diese Dienstleistungen müssen verschiedene Bedürfnisse erfüllen. Und schon brauchen Sie eine Beratung, wo Sie jemanden mitteilen können, welchen Anschluss Sie brauchen und welche Sicherung Sie sich wünschen und was Sie machen, wenn der Dienst ausfällt.

SICHER IST SICHER

Aufgrund der technischen Möglichkeiten und der Entwicklung der IT-Branche haben wir in den letzten zehn Jahren eine gewaltige Digitalisierung und Virtualisierung erlebt. Früher hatten wir alle Daten bei uns zu Hause auf den eigenen Geräten, damit waren wir selber Herr der Daten, die wir brauchten. Wir hatten eine Harddisk, die Unternehmen hatten den eigenen Server im IT-Schrank und haben im Idealfall ein eigenes Backup gemacht – jeder hat seine Daten selber verwaltet.

Mit der Virtualisierung und der dazugehörenden Cloud-Technologie sind alle Daten über die Internetanschlüsse in die Data-Center abgewandert und dort abgespeichert. Wenn man z.B. Google Maps oder eine andere Applikation auf dem Smartphone nutzt, dann sind diese Daten nicht mehr auf dem Gerät, sondern irgendwo in einem Data-Center gespeichert, erreichbar über die Cloud, egal von wo auch immer ich darauf zugreifen möchte und egal ob mit PC, Tablet oder Smartphone.

Und das ist einerseits eine gute Sache, auf der anderen Seite sind viele Daten natürlich nachher auch fast öffentlich zugänglich, denken Sie nur an Facebook, Linkedin und Co. Um Privatsphäre sicherzustellen, wird in dieser zunehmenden Cloudifizierung das Thema Sicherheit wichtiger, als das früher der Fall war. Niemand möchte, dass die eigenen Daten offen liegen, sei es privat oder geschäftlich. Digitalisierung, Cloudifizierung, Virtualisierung und die damit verbundene Dynamik haben den Sicherheitsaspekt zu einem der wichtigsten Themen überhaupt gemacht, damit wir die nötige Privatsphäre haben, um nicht Opfer von Kriminalität und Missbrauch über diese Netze zu werden.

> **Das Thema Sicherheit ist in der digitalisierten Welt auch für Firmen eines der wichtigsten Themen überhaupt geworden.**

Deshalb ist das Thema Sicherheit in der digitalisierten Welt auch für Firmen eines der wichtigsten Themen überhaupt. Eine Firewall ist dabei nur die erste Hürde und vergleichbar mit einer Haustür, die man abschliesst. Aber es gibt ja noch Fenster, Kellerfenster und Dachluken als mögliche Eintrittsmöglichkeiten, welche ebenfalls berücksichtigt werden müssen. Wenn ich diese Sperren überwunden habe und erstmal im Haus bin, gibt es dort vielleicht einen Tresor, in dem ich Schmuck, Geld oder meine Briefmarkensammlung einschliesse, also etwas, was mir sehr wichtig ist. Und so geht es auch in der virtuellen Welt zu. Ich brauche verschiedene Elemente, um Sicherheit, Schutz der Werte und Privatsphäre sicherstellen zu können. Das heisst, ich brauche eine Firewall für Zugang, Datensicherheit, Übermittlung von Daten, Daten-Verschlüsselung und ich brauche ein sicheres Datencenter.

Wir von Swisscom haben alle Daten in der Schweiz in unseren eigenen Data-Center. Also wenn jemand einen Service von Swisscom nutzt, ist klar: Die Daten sind in der Schweiz und nicht in Amerika, nicht in Deutschland noch irgendwo verwaltet, sondern in der Schweiz. Das ist für viele vom Gefühl her wie Zuhause und gibt Sicherheit. Seit der NSA-Affäre sind wir, was diese Themen betrifft, hoch sensibilisiert. Die ganze Gesellschaft ist verunsichert, im Sinne, dass wir nicht mehr sicher sein können, wer unsere Mails mitliest, wer Zugriff auf unsere persönlichen Daten hat oder ob Geschäftsgeheimnisse plötzlich offengelegt werden und so einen grossen Schaden anrichten können.

GROSSE ERWARTUNGEN

Im Vertrieb von Swisscom haben wir vier Kernbereiche:

1. Multichannel-Vertrieb
Hier haben wir verschiedene Vertriebskanäle, welche zusammen den KMU-Vertrieb in der Schweiz sicherstellen: Ein Account Manager verantwortet ein Verkaufsgebiet und hat die Umsatzverantwortung, welche die Summe aller im Gebiet aktiven Kanäle ist. In einem Drittel aller Swisscom Shops der Schweiz bieten wir eine dezidierte Betreuung für KMU-Kunden an. Wir haben rund 4.000 Partner, also Elektroinstallationsfirmen und IT-Firmen, die unsere Produkte anbieten, verkaufen, installieren und warten. Über fünf regionale Callcenter erreicht jeder Kunde per Telefon seinen Ansprechpartner für Service und Beratungsfragen. Zusätzlich betreiben wir aber auch ein klassisches Direct Marketing Center, welches die Kunden direkt kontaktiert und über spezifische Kampagnen sehr erfolgreich Up- und Cross-Selling realisiert. Die übergelagerte Verantwortung ist in der Vertriebseinheit angesiedelt, welche die gesamte Umsatzverantwortung trägt.

2. Service
Service ist einer der wichtigsten Differenzierungsfaktoren. Den Service wickeln wir über ein Callcenter ab, welches die Kunden in ihrer jeweiligen Landessprache anspricht, also in Deutsch, Französisch, Italienisch und zusätzlich auch in Englisch. An dieses können sich die Kunden wenden, wenn sie Administrationsanliegen haben, ein Problem aufgetaucht ist oder eine Störung vorliegt. Hier werden pro Woche von rund 1.000 Mitarbeitenden über 50.000 Kundenanfragen bearbeitet und beantwortet.

3. Customer Experience Design
Das ist das Produktmanagement, oder eben das Kundenerlebnis, wo die Produkte und Services entwickelt werden. Es ist ein weiteres zentrales Element in der Wertschöpfungskette. Nur wer Produkte und Services hat, die sich gegenüber den Mitbewerbern differenzieren, kann im Verkauf richtig erfolgreich sein. In diesem Sinne müssen hier die Differenzierungsmerkmale entwickelt werden, damit der künftige Verkaufserfolg sichergestellt werden kann. Hier geht um die Neuentwicklung wie auch um die Produktweiterentwicklung, das **Customer Marketing**.

Das Customer Marketing ist verantwortlich für den Lifecycle des Kunden. Hier werden die Kampagnen definiert, welche sicherstellen, dass alle Kunden in einer systematischen Art und Weise durch Swisscom kontaktiert werden. Normalerweise laufen in unserem Direct Marketing Center parallel bis zu 70 Outbound-Kampagnen, die durch spezialisierte Call Center-Agenten abtelefoniert werden. Wir haben aber auch Kampagnen, wo Verkäufer – also die Gebiets-Manager – in ihrer Region verschiedene Kundengruppen persönlich besuchen und ihnen nachher die Produkte oder Lösungen vorschlagen, die der Partner dann installiert und wartet. Hier handelt es sich um

Kunden mit grossem Potenzial. Oder wir haben Kampagnen mit Partnern, die entsprechende Packages haben, die sie ihren Kunden wiederum verkaufen können.

Dieses Vermarktungssystem hat uns als Swisscom zum Marktführer im ICT-Bereich gemacht. Wir sind die klare Nummer eins im Telekom- und IT-Markt. In Marktanteilen bedeutet das:

- Internet: 72 Prozent
- Mobilfunk: Ca. 79 Prozent
- Festnetzbereich: Ca. 81 Prozent

Auf der anderen Seite haben wir auch weitere Wachstumsfelder im Bereich Internet, IT und Cloud, wo wir natürlich versuchen, unseren Kunden die neusten Produkte und Services anzubieten, sodass sie auch in Zukunft mit ihrem Kerngeschäft konkurrenzfähig sein werden. Unsere Aufgabe ist also sowohl den Kundenstamm, den wir haben, mit bestmöglichen Produkten und einem herausragenden Service zu versorgen, als auch zusätzliche Wachstumsoptionen zu realisieren, um unsere finanziellen Ziele zu erreichen.

Diese herausragende Marktstellung, wie wir sie in der Schweiz haben, erzeugt auch die Erwartung, dass wir technologischer Vorreiter sind. Es wird beinahe verlangt, dass wir die neusten Technologien zur Verfügung stellen. Was wiederum eine grosse Herausforderung ist, weil wir die Systeme permanent umrüsten müssen, um die neuen Geräte zur Verfügung zu stellen. Dieses Beispiel zeigt die rasante Entwicklung sehr schön: Im Mobilfunk haben wir mit GSM angefangen, dann kam Edge, dann UMTS, besser bekannt unter 3G, dann HSDPA, also 3G+, danach 4G mit LTE, und jetzt laufen die Vorbereitungen für 5G. Permanent müssen diese Netze nach dem neusten Stand aufgerüstet wer-

> **Es wird beinahe verlangt, dass wir die neusten Technologien zur Verfügung stellen.**

den, damit wir konkurrenzfähig bleiben. Im Mobilfunk heisst das, dass wir so viel Bandbreite bereitstellen können, dass der Kunde auswählen kann, mit welcher Geschwindigkeit er im Internet Daten abrufen will.

WER SCHNELL IST, DER GEWINNT

Der Kunde wird immer anspruchsvoller, was Geschwindigkeit betrifft. Die neuen Applikationen benötigen immer grössere Downloadgeschwindigkeiten. Dynamik, Digitalisierung, Virtualisierung und Cloud verlangen hohen Speed. Verfügbarkeit ist deshalb die zweite ganz wichtige Herausforderung. Wenn ich eine Lösung gesehen habe, welche einen Wettbewerbsvorteil bietet, dann möchte ich die eigentlich sofort haben, hier und jetzt. Für den Erfolg von Unternehmen und die Konkurrenzfähigkeit ist das ein wichtiger Faktor in Zukunft.

Wenn wir heute zum Beispiel einen Internetanschluss für einen Kunden bereitstellen müssen, dann braucht das einen Monat. Wieso das so lange dauert? Weil wir das Modem ausschicken müssen, dann muss ein Elektroinstallateur bei dem Kunden zu Hause dieses Modem installieren, es muss aufgeschaltet werden und so weiter. Das braucht einfach seine Zeit.

Wenn der Kunde aber einen Network-As-Service hat, das ist ein Internetanschluss aus der Cloud, dann können wir ihm ein Modem nach Hause schicken, er steckt das ein und die Verbindung läuft. Denn dann wird die Programmierung im Netz vorgenommen und das ist in Realtime verfügbar. Da muss nicht jemand irgendwo etwas installieren, etwas programmieren, etwas aufschalten, sondern der Service ist sofort verfügbar. Und das zeigt eben, dass Schnelligkeit in Zukunft ein kritisches Element ist, wenn eine Firma Erfolg haben möchte.

Gerade haben wir zu diesem Thema eine Pilotanwendung im Test, denn unser Standard-Provisionierungsmodell ist um Faktoren teuer als neue Services aus der Cloud. Die Cloud-Variante ist also 1. ein extremer Effizienz-Gewinn für uns und 2. für den Kunden ein absoluter Vorteil, weil er den Service sofort nutzen kann. Wir müssen in diese Richtung gehen, wir müssen unsere Prozesse so entwickeln, dass sie in dieser Art und Weise funktionieren, in Echtzeit und mit grossen Kostenersparnissen. Sonst werden wir nicht mithalten können, weil wir zu teuer und zu langsam sind. Wer seine Prozesse nicht an die neusten technologischen Standards anpasst, wird Mühe haben, in Zukunft erfolgreich im Geschäft zu bleiben.

> Wer seine Prozesse nicht an die neusten technologischen Standards anpasst, wird Mühe haben, in Zukunft erfolgreich im Geschäft zu bleiben.

Am Ende des Tages bleibt es aber dabei: Verkaufen heisst verkaufen. Das sage ich allen meinen Verkäufern. Wir können das beste Netz haben, wir können die schnellsten sein, wir können die Besten sein. Wenn meine Verkäufer nicht verkaufen, haben wir keinen Erfolg. Erfolgreiche Verkäufer kommen zielgerichtet und in der nötigen Zeit auf den Punkt und schliessen ab.

KAPITEL 4

JÜRG STUPP
Leiter Marketing und Verkauf Helsana AG

VERKAUFEN – SCHLICHT UND EINFACH

„Egal, was man verkauft: Verkauf ist Verkauf": eine der ältesten Binsenwahrheiten, aber meist zutreffend. Es gibt nur einen wichtigen Unterschied: Wenn ich Turnschuhe verkaufe, stelle ich dem Kunden die Frage, was er morgen damit anzufangen gedenkt. Wenn ich eine Krankenversicherung verkaufe, muss ich jedoch fragen, was in den nächsten zehn, zwanzig oder dreissig Jahren das Richtige für ihn ist.

Informiert man sich beim Kauf eines Turnschuhs nicht richtig, ärgert man sich hinterher vielleicht über ein Modell, das ein bisschen drückt. Dann hat man die Wahl, den Schuh trotzdem zu tragen, oder man wirft ihn weg und kauft sich einen neuen. Eine Krankenversicherung, die ein bisschen drückt, ist jedoch nicht so leicht zu verschmerzen – man möchte sich ja nicht nur für heute und vielleicht den Rest der Woche versichern. Im konkreten Krankheitsfall kann man die Hoffnung auf zusätzliche Produkte in der Regel abschreiben, denn keine Versicherung ist daran interessiert, einem Kunden Zusatzleistungen zu gewähren, die dieser sofort in Anspruch nehmen würde.

Die Herausforderung ist, mit dem Kunden gemeinsam darüber nachzudenken, was für die Zukunft nötig ist – für den Versicherten selbst, aber auch für eventuelle Kinder, pflegebedürftige Eltern und andere Familienangehörige. Und das selbst dann, wenn die finanziellen Möglichkeiten im Moment eher eingeschränkt sind, was ja oft der Fall ist. Darum sprechen wir bei Helsana mit dem Kunden nicht nur

> **Man denkt mit dem Kunden darüber nach, was für die Zukunft nötig ist.**

über das, was morgen ist: Wir sprechen über das, was morgen, in zehn und in zwanzig Jahren ist.

Das macht natürlich den wenigsten Kunden Spass. Wer möchte schon über Krankenversicherung reden, wenn er gesund ist? Oder über Altersvorsorge, wenn er jung ist? Hinzu kommt, dass eine Versicherung erst einmal nur Geld zu verschlingen scheint, und eigentlich hofft man als Versicherungsnehmer ja darauf, die hinterlegte Summe nie in Anspruch nehmen zu müssen. Trotzdem muss man über dieses Thema sprechen, wenn man die eigene Zukunft gestalten möchte. Vermutlich mehr als einmal.

DER EINFACHHEIT HALBER

Krankenversicherung ist ein Thema, bei dem es um Leben und Gesundheit geht, und das ist ohne Beratung nicht zu machen. Dafür muss man sich Zeit nehmen, Angebote vergleichen, sich vielleicht auch mit anderen austauschen und eine zweite, dritte Meinung einholen. Natürlich kann man auch beim Kauf von Turnschuhen so vorsichtig vorgehen, aber meistens findet man sich im Schuhgeschäft auch ohne fachliche Beratung zurecht. Die Versicherungsbranche ist jedoch dadurch charakterisiert, dass es mehr Schritte zwischen dem aufkeimenden Kaufinteresse und dem tatsächlichen Abschluss gibt.

Hinzu kommt, dass die Komplexität in der Versicherungsbranche weiter zunimmt, weil gesetzliche Vorgaben und Regulationen immer detaillierter werden und mühsamer umzusetzen sind. Auf der anderen Seite wächst die Fülle an Produkten und Leistungen, die Hospitäler, Ärzte, Spezialisten, Behandlungszentren, Therapeuten etc. anbieten. Allein, was inzwischen an Therapieformen, Medikamenten und Geräten zur gezielten

Schmerzbehandlung angewendet wird – und was jeden Tag hinzukommt –, sprengt das Vorstellungsvermögen. Da muss man sich als Verkäufer nicht nur anstrengen, um den Überblick zu behalten, man muss auch in der Lage sein, diese Fülle zu vereinfachen, damit auch der Kunde sie versteht. Wir sind jeden Tag aufs Neue gefordert, für Vereinfachung zu sorgen.

> **Wir sind jeden Tag aufs Neue gefordert, für Vereinfachung zu sorgen.**

IN DER KÜRZE LIEGT DIE WÜRZE

Die Technologie ist ein wundervolles Hilfsmittel, um komplexe Informationen zu vereinfachen und zu präsentieren. Heute spricht man grundsätzlich von „Mobile first", wenn es um die elektronische Darstellung von Informationen geht. Auf gut Deutsch will man damit sagen, dass bei der Erstellung digitaler Inhalte wie Websites die korrekte Darstellung auf mobilen Browsern Vorrang hat. Für gewöhnlich bedeutet das eine drastische Verdichtung der Inhalte, denn die kleinen Smartphone- und Tablet-Bildschirme bieten nicht viel Platz.

Das Prinzip „Mobile first" setzen wir bei Helsana schon bedeutend länger ein, als es diesen Begriff gibt. Ich nannte es einst: „A6-Karte und Stift". Das Prinzip: Wollte ich als Verkäufer einen komplexen Sachverhalt erläutern, habe ich das auf einer Karteikarte im Format DIN A6 getan. Ein kleines Stück Papier und ein dicker Stift zwingen wirkungsvoll zur Vereinfachung, weil der Platz nicht für Komplexität ausreicht. Dieses Prinzip sollte man immer im Hinterkopf behalten, wenn es darum geht, unübersichtliche Zusammenhänge für Kunden aufzuarbeiten. Ob man es „Mobile first" oder „Dicker Stift auf zu wenig Papier" nennt, spielt keine Rolle.

Vereinfachung ist jedoch nur ein Teil des Problems: Ich muss den Kunden auch verstehen. In dieser Hinsicht besitzen elektronische Kundendaten ein gewaltiges Potenzial, das noch lange nicht erschöpfend genutzt wird. Diese Daten ermöglichen es einem Verkäufe, Markt und Kunden vorausschauend zu beobachten: Welche Entwicklungen bringt die Zukunft, die ich schon jetzt in meine Strategie integrieren kann? Den Markt aus der Vogelperspektive zu betrachten, gehört quasi zu den Grundfertigkeiten, die ein Verkäufer mitbringen sollte.

DIE DIFFERENZ ZWISCHEN PLANUNG UND REALITÄT

Ich bin jetzt seit einundzwanzig Jahren bei Helsana tätig. Zuvor war ich bei einer Bank beschäftigt und hatte institutionelle Kunden – Versicherungen, Pensionskassen, grosse Gesellschaften etc. – zu ihren Anlagemöglichkeiten beraten. In diesem Rahmen war ich bereits mit Marketing- und Verkaufsmassnahmen in Berührung gekommen. Die Arbeit hatte viel damit zu tun, dass man Fragen stellt und Hypothesen darüber entwickelt, was der Kunde wünscht, und ich wollte irgendwann einmal die Kundenseite persönlich kennenlernen, um mit eigenen Augen zu sehen, was dort gebraucht wird. In der festen Absicht, zwei, maximal drei Jahre zu bleiben, bin ich zu Helsana gewechselt. Damals war ich der Überzeugung, dass Krankenversicherungen eigentlich nichts sind, womit man sich seine ganze Karriere über beschäftigen kann. Irgendwie ist es dann aber anders gekommen.

Eingestiegen bin ich ins Cash und Asset Management, ein wichtiges Thema für eine Versicherung. Es folgten fünfzehn

> **Ich wollte irgendwann einmal die Kundenseite persönlich kennenlernen.**

Jahre Finanzen, Controlling, Unternehmensplanung, Unternehmensentwicklung, aber auch Produktmanagement. 2010 wurde der Abteilungsleiter des Finanzbereichs CEO. Seine erste Handlung war, die Konzernleitung zu überarbeiten und Funktionen neu zu verteilen, sodass mir die Leitung des Bereichs „Produkte" übertragen wurde. Von 2010 bis 2014 umfasste meine Abteilung das Angebotsmanagement für das Individual- und Unternehmensgeschäft, das medizinische und technische Underwriting für das Individual- und Unternehmensgeschäft und den Kundenservice sowie das Bestandesmarketing für das Individualgeschäft. Ich hatte rund 500 Mitarbeiter. Etwa 350 waren ausschliesslich für den Individualkundendienst zuständig.

In dieser Beschäftigung ist meine Liebe zum Kunden wiedererwacht. Seither begeistern mich die bestehenden ebenso wie die potenziellen Versicherungsnehmer von Helsana jeden Tag aufs Neue. Anfang 2015 hat Helsana ihre Organisation noch einmal überarbeitet, und seither bin ich für Marketing und Vertrieb zuständig. Meine Nähe zum Kunden ist ungefähr die gleiche geblieben. Was sich geändert hat, ist der Fokus – in dem Sinne, als die Akquise bedeutender geworden ist. Der Bedarf an individueller und persönlicher Betreuung ist jedoch unverändert.

> **Der Bedarf an individueller und persönlicher Betreuung ist unverändert.**

Die besten Momente in meiner Branche sind immer dann, wenn man mit dem Kunden unterwegs ist. Doch ich bin jetzt Mitglied der Geschäftsleitung, und da gibt es viele Aufgaben, die nur noch peripher mit Verkaufen zu tun haben. Wer das Verkaufen liebt, findet rasch zahllose Argumente, die dagegen sprechen, sich als Verkäufer zu betätigen: Eine Flut an Administrationstätigkeiten, mühsame Pricing-Diskussionen, Statistiken, Risikomanagement-Analysen etc. Und trotzdem gibt es ein, zwei Gründe – nicht viele, aber gute –, weshalb man den Job trotzdem annehmen sollte. Einmal sind da zum Beispiel die vielen motivierten und begeisternden Mitarbeitenden. Und natürlich ist es ein echtes Erfolgserlebnis, wenn wir für unsere Kunden und Vertriebspartner Lösungen finden, die eigentlich gar nicht möglich sind.

DER MARKT KOMMT NICHT ZUR RUHE

Langweilig wird es mir nie, man muss sich nur die Wechselwirkungen verdeutlichen, die den Verkäufermarkt insbesondere im Versicherungsbereich in Schwung halten: Die Schweiz hat derzeit 8,3 Millionen Einwohner, und Schätzungen gehen davon aus, dass jedes Jahr 800.000 bis zu einer Million Krankenversicherungsnehmer den Anbieter wechseln. Aufgrund des herrschenden Obligatoriums hätte jeder Versicherungsnehmer einmal pro Jahr die Chance, sich einen neuen Anbieter auszuwählen – mit anderen Worten, in jedem Jahr haben Versicherungen die Möglichkeit, acht Millionen potenzieller Kunden für sich zu gewinnen. Entsprechend hektische Aktivität entfalten die Vermittler, Finanzdienstleister und natürlich die Versicherungen selbst, also alle, die an diesem Markt teilhaben. Und diese Aktivität ist nicht nur aufwendig und teuer, sie ist auch fehleranfällig. Daher bin ich überzeugt, dass eine Investition in die Kundenbeziehung mindestens genauso wichtig ist wie eine Investition in die Neukundenakquise. Vielleicht wichtiger.

Als Beispiel: In den vergangenen Jahren wurden viele Terminvereinbarungen mit Neukunden auf telefonischer Basis durchgeführt. Mit anderen Worten: viel Kaltakquise. Das ist nicht schön und macht niemandem Spass – dem potenziellen Kunden nicht, der unangekündigt mit einem Verkaufsgespräch behelligt wird, und dem Verkäufer nicht, der einen wildfremden Menschen anrufen muss, den er nicht einschätzen kann. Diese Praxis hat sich inzwischen fast totgelaufen, nicht zuletzt, weil es politische und juristische Reaktionen gegeben hat und die ganze Rechtslage komplizierter geworden ist. Heute sucht man andere Wege, um an Neukundenkontakte zu kommen. Weiterempfehlungen, ausgesprochen von zufriedenen Kunden, stehen da an allererster Stelle, und dafür muss man logischerweise Energie in die Beziehungspflege stecken.

> **Heute sucht man andere Wege, um an Neukundenkontakte zu kommen.**

MANCHE DINGE ÄNDERN SICH NIE

Wenn man sich anschaut, was sich in den letzten Jahren geändert hat, muss man gezwungenermassen auch einen Blick darauf werfen, was stabil geblieben ist. Das Fundament ist noch immer das gleiche: Die Interaktion mit dem Kunden, seine Begeisterung, die Überzeugung vom Wert des Angebots – das alles ist noch immer von höchster Bedeutung, und daran hat auch das Internet nichts geändert. Wer die Beziehung zu bestehenden und neuen Kunden sorgfältig pflegt, für viel Interaktion sorgt und Abschlüsse mit Leidenschaft herbeiführt, hat in jedem Markt die Nase vorn. Diese Grundlage ist unverändert, aber natürlich gab es im direkten Umfeld viel Bewegung, die letztlich auch Einfluss darauf hatte, wie ich als Verkäufer Beziehungen pflege oder Begeisterung wecke.

Was hat diese Bewegung erzeugt? In erster Linie natürlich die Entwicklungen in der Technik und Kommunikation. Die Wege, die zum Kunden führen – oder die der Kunde selber geht, wenn er nach einer Leistung sucht –, müssen diesen Entwicklungen Rechnung tragen. Schliesslich liegen dort Potenziale, die man nutzen kann: Eine Homepage bietet Raum für Interaktivität, das war früher mit einer Zeitungsanzeige schlicht nicht möglich. Möchte man neue Kunden gewinnen, sollte man also grundsätzlich bereit sein, mehrere Wege zu gehen.

Wir machen das zum Beispiel mit Mailings, die direkt auf eine Landingpage verlinken, wo man wiederum mit dem Kunden zu einem bestimmten Thema in Interaktion treten kann. Dahinter steht nicht das Bestreben, so rasch wie möglich einen Termin oder Abschluss zu erzielen, sondern der Wunsch, eine Beziehung zum Kunden aufzubauen. Der Kauf kann durchaus zu einem späteren Zeitpunkt stattfinden. Überlegungen in puncto Krankenversicherung sind ja auch stark von der jeweiligen Situation abhängig. Wir möchten, ausgehend davon, wohin sich sein Leben entwickelt, mit dem Kunden in Kontakt bleiben. Wird es zum Beispiel für sein Kind bald Zeit für den ersten Kindergartenbesuch, schicken wir einen Glückwunschbrief und eine Znünibox. Oder der Kunde zieht um, beginnt ein Studium, heiratet – es gibt tausend verschiedene Anknüpfungspunkte, wenn man Interesse am Kunden hat. Wir schreiben nicht bloss: „Bei Interesse beraten wir Sie gerne", oder: „Jetzt einen Termin vereinbaren", sondern bauen eine Verbindung zum Kunden auf, damit er uns vertrauensvoll entgegentritt.

MARKETING FÜR BESTANDSKUNDEN

Wenn es um die Beziehung zum Kunden geht, kommt natürlich auch das Marketing ins Spiel. In diesem Bereich wird ja immer wieder fundamental diskutiert, welche Bedeutung Verkauf und Marketing füreinander haben. Die einen sagen, beide Disziplinen müssten unbedingt fest miteinander verknüpft sein, die anderen setzen sich für eine strikte Trennung ein. Vermutlich liegt die Wahrheit wie so oft irgendwo in der Mitte.

Das Problem ist, dass viele im Verkauf nur den reinen Abschluss sehen: Der Kunde hat seine Unterschrift unter den Vertrag gesetzt, das Geschäft ist zustande gekommen, der Verkauf hat seinen Zweck erfüllt, Ende. Für mich ist der Verkauf vielmehr der Anfang, der Beginn einer Beziehung, die möglichst lange Bestand haben soll, denn nur so lässt sich die Investition in eine Versicherung überhaupt rechtfertigen. Und um diese Kundenbindung zu erreichen, muss man jedes erdenkliche Mittel nutzen, auch das Marketing.

> **Das Problem ist, dass viele im Verkauf nur den reinen Abschluss sehen.**

Marketing hat ja nicht nur den Zweck, Neukunden anzuziehen: Auch die Begeisterung der Bestandskunden fällt in diesen Bereich. Kundenbeziehungsmanagement kann man nicht einfach dem Zufall überlassen, es verlangt nach Konzeption, Voraussicht und Kreativität. Grob gesagt muss das Marketing dem Bestandskunden eine Geschichte erzählen, in der er selbst die Hauptrolle spielt. Der Kunde zieht demnächst um? Das Marketing lässt sich etwas einfallen, womit man ihm ein bisschen Arbeit abnimmt und ihn zugleich daran erinnert, dass wir auch weiter für ihn da sind – ein Gutscheinheft oder Aufkleber mit der neuen Adresse wären naheliegende Ideen. Der Kunde bekommt Familienzuwachs? Das Marketing überlegt sich, wie man ihn auf eine eventuelle Erweiterung seines Versicherungsschutzes ansprechen kann, ohne aufdringlich zu wirken. So positioniert man sich als Freund und Begleiter des Kunden – der Name der Versicherung wird allmählich zu einem festen Bestandteil seiner Lebensplanung und -geschichte.

DIFFERENZIERUNG IST DAS ZAUBERWORT

Bei aller Beziehungspflege ist der Preis noch immer ein bedeutendes Entscheidungskriterium. Machen wir uns nichts vor: Eine Krankenversicherung kostet viel Geld. Ein Teil dieser Summe ist gesetzlich definiert, und natürlich empfinden nur wenig Menschen Begeisterung dabei, einer gesetzlichen Zahlungspflicht nachzukommen. Muss man die Versicherung im Krankheitsfall in Anspruch nehmen, ist man natürlich froh, diese Vorsorge getroffen zu haben, und freut sich über alle Leistungen, die geboten werden.

Wir sind nicht nur bestrebt, unseren Kunden eine gute Deckung zu bieten – das ist keine Frage der Differenzierung, das müssen wir ohnehin. Zudem schauen wir, dass wir den Unterschied über die Deckung hinaus machen. Zum Beispiel stellen wir bei Helsana für die Versicherungsnehmer im Bedarfsfall Kontakt zu medizinischen Koryphäen in der Schweiz her. Das ist ein probates Mittel, sich vorteilhaft von der Konkurrenz abzuheben. Wer gesundheitliche Sorgen hat, fühlt sich oft alleine gelassen, und da ist die professionelle Meinung eines Spezialisten eine grosse Hilfe.

Im Grunde liegt es auf der Hand: Da wir in der Versicherungsbranche sehr starre Regeln haben, suchen wir Wege, die Produktvielfalt so zu gestalten, dass sich trotzdem das Richtige für den Kunden ergibt. Wir haben Produkte, die sonst niemand anbieten kann – Produkte, mit denen wir wirklich die Qualität unserer Leistung unter Beweis stellen können.

DIE INFORMATIONSFLUT STEIGT

Wählt man neue Produkte für das Portfolio aus, gilt: Im Zweifelsfall ist weniger mehr. Wir möchten nicht kompliziert sein – wir möchten, dass der Kunde uns versteht. Das ist im Informationszeitalter erheblich einfacher geworden, da man dem Kunden im Internet direkt zu verschiedenen Angeboten und Zusatzleistungen Auskunft geben kann, sodass er sich selber eine Meinung bildet.

Die generelle Informationsdichte des Kunden ist eine spannende Frage, mit der sich derzeit viele Branchen auseinandersetzen. Dazu tragen ja nicht nur die Informationen bei, die Unternehmen auf ihren eigenen Plattformen veröffentlichen – Websites, soziale Netzwerke, Newsletter etc. –, auch auf Blogs, in Foren und sogar auf Youtube kann man sich über Produkte schlaumachen. Ein versierter Verkäufer muss sich also darauf einstellen, Kunden zu begegnen, die unglaublich gut informiert sind. Diese Tatsache kann ich aus meinen täglichen Erfahrungen und der meiner Teammitglieder voll und ganz bestätigen.

> **Ein versierter Verkäufer muss sich auf gut informierte Kunden einstellen.**

Die grundlegende medizinische Versorgung ist in der Schweiz durch die Grundversicherung abgedeckt, aber es gibt viele Leistungen, die darüber hinausgehen, Zusatzversorgung für die Familie oder alternative Behandlungsmethoden beispielsweise. Darüber muss man sich mit dem Kunden unterhalten, um ein Angebot zu erstellen, das optimal zu seinen Bedürfnissen passt. Wir sprechen hier jedoch nicht über zwanzig verschiedene Produkte, die in dieses Angebot einfliessen, sondern über drei bis fünf. Andernfalls würde man als Anbieter viel zu kompliziert und unübersichtlich. Man darf auch nie vergessen, dass die Lösungen, die man dem Kunden anbietet, seine Bedürfnisse nicht nur heute, sondern auch in zwanzig Jahren abdecken sollten. Das muss der Verkäufer dem Kunden verdeutlichen.

EIN FUNDAMENT AUS BEGEISTERUNG

Je nach individueller Neigung gibt es verschiedene Herangehensweisen an den Verkauf. Grundsätzlich muss man bei der Suche nach einem Vertriebsmitarbeiter auf ein solides Gleichgewicht achten: Auf der einen Seite sollte er die realen Kompetenzen mitbringen, die er benötigt, um den Kunden richtig zu bedienen, auf der anderen Seite muss er begeisterungsfähig kommunizieren können. Die fachlichen Aspekte kann man nötigenfalls über Schulungen und Trainings nachholen. Begeisterung lässt sich über die Führung wecken, aber das ist schwierig und führt nicht immer zum Erfolg. Die sicherere Variante ist also, von vornherein Mitarbeiter einzustellen, die begeistert und begeisterungsfähig sind. Alles Andere ist eine Sache der Hausaufgaben.

Einen solchen Verkäufer zu finden, ist eine Herausforderung – nur wenige Menschen legen ihren Bewerbungsunterlagen einen schriftlichen Nachweis für Begeisterungsfähigkeit bei. Hat man jedoch das erste Mal mit einem Interessenten telefonischen Kontakt, kann man gut abklopfen, wie stark er wirklich für das Thema brennt. Daher führen wir keine Personalgespräche, bevor wir nicht wenigstens einmal mit dem Kandidaten telefoniert haben: Ist keine Grundneigung vorhanden, keine Begeisterung, keine Motivation, dann ist jedes weitere Gespräch Zeitverschwendung für beide Seiten. Eine gewisse Basis muss vorhanden sein – die Wirkung der Stimme, die Wortwahl, die Art und Weise,

> **Ohne Begeisterung ist jedes weitere Gespräch Zeitverschwendung.**

wie der Gegenüber ins Gespräch mit einbezogen wird – und wenn wir diese erkennen, haben wir einen wichtigen Schritt des Bewerbungsverfahrens hinter uns gebracht.

Was ein Bewerber bereits für Berufserfahrung gesammelt hat, ist eigentlich zweitrangig. Begeisterung und Kommunikationsfähigkeit, darauf kommt es an – keine akribischen Kenntnisse unserer Produkte. Das kann man rasch lernen, dafür braucht man keine zehn Jahre. Richtig mit dem Kunden zu sprechen, von den Lösungen des Unternehmens zu schwärmen, auf seine Sorgen und Unsicherheiten einzugehen, das muss jedoch von Anfang an wenigstens ansatzweise vorhanden sein, ansonsten kostet die Ausbildung zu viel Zeit und Kraft und läuft vermutlich ohnehin ins Leere.

VERKÄUFER UND DOLMETSCHER

Dennoch ist nicht zu leugnen, dass die formellen Anforderungen steigen. Sieht man sich die rechtliche Regulation der Versicherungsleistungen an, stellt man fest, dass es dort seit Jahren erhebliche Bewegung gibt. Ähnliches konnte man in der Bankenwelt beobachten, die ebenfalls formelle Regulationen zu verdauen hat, und das ist in der Versicherungsindustrie genauso. Ein Verkäufer muss in diesem Bereich also einiges mitbringen und sich selbstständig weiterbilden, um auf dem Laufenden zu bleiben.

Vor diesem Hintergrund ist es umso wichtiger, dass der Verkäufer Leistungen und Anforderungen in die Sprache des Kunden übersetzen kann. Es muss ihm gelingen, die Inhalte verständlich zu machen und zugleich mit ihnen zu begeistern, und das unabhängig vom Kanal, über den er mit dem Kunden interagiert. Generell stellt man sich den Verkäufer gerne als

Menschen vor, der in der Stube des Kunden sitzt und ihm alles vis-à-vis bei einer Tasse Kaffee erläutert. Heute findet Verkauf aber häufig online, am Telefon oder komplett kanalübergreifend statt. Daher muss der Verkäufer in der Lage sein, die Begeisterung, die er ins persönliche Gespräch einfliessen lässt, am Telefon zu transportieren – oder rein schriftlich.

Der gekonnte Umgang mit Informationstechnologie wird immer bedeutender. In der Schweiz sind wir vielerorts noch gewohnt, mit dem Kunden zusammen Schriftstücke auszufüllen und Verkäufe auf einem Blatt Papier abzuschliessen. Das wird sich alles ändern: Die digitale Variante wird das Papier in den kommenden Jahren mehr und mehr verdrängen. Zudem kann der Verkäufer auf dem elektronischen Weg Dinge anstossen, die er mit dem Kunden noch besprechen möchte. Eine effiziente und gekonnte Handhabung der Informationstechnologie ist entscheidend, um der Konkurrenz zuvorzukommen und stets aktuell beim Kunden zu sein. Letzten Endes ist es eine Frage der Geschwindigkeit: Wer erreicht den Kunden schneller mit einem umfassenden Beratungsangebot und kann ihn nachhaltig begeistern?

> **Ein effizienter Umgang mit Informationstechnologie ist entscheidend.**

Die Begeisterung, Freude und Liebe muss immer zu spüren sein, wenn man mit dem Kunden interagiert. Dafür trägt der Verkäufer jedoch nicht die alleinige Verantwortung – es hat auch damit zu tun, wie man im Unternehmen selbst mit diesem Thema umgeht. Und da sind vom CEO über den Verkaufsleiter bis zum Regionalleiter alle gefordert, die Kundeninteraktion zu fördern, zu zelebrieren und im Geist weiterzutragen.

Das ist eine Herausforderung für sich. Es gibt immer Dinge, die wichtiger erscheinen als der Kunde, immer Argumente, warum ein Unternehmen den Fokus derzeit auf etwas Anderes legen sollte. Aus diesem Grunde haben alle Beteiligten die Aufgabe, stets ein kritisches Auge auf die Einstellung dem Kunden gegenüber zu haben – ihre eigene und die des Unternehmens. Als CEO oder Teamleiter bin ich schliesslich immer auch Vorbild und somit verpflichtet, Kundenbegeisterung aktiv vorzuleben. Am Ende ist es der Mensch, der den Unterschied macht, und deshalb muss ein Unternehmen jeden einzelnen Mitarbeiter als Menschen mitbegeistern.

WAS IST EIN VERKÄUFER?

Aus dieser Erkenntnis folgt eine weitere: Wenn alle Mitarbeiter an der Kundenbegeisterung teilhaben und diese ein wichtiges Element des erfolgreichen und nachhaltigen Verkaufs ist – ist dann nicht jeder Mitarbeiter automatisch ein kleiner oder grosser Verkäufer? Die Abgrenzung verschwimmt bisweilen. Grob geschätzt haben wir bei Helsana täglich bis zu 10.000 Kontakte zu bestehenden und potenziellen Kunden, und daran ist bei weitem nicht nur der Vertrieb beteiligt. Dennoch muss jede einzelne dieser 10.000 Kontaktaufnahmen stimmig und überzeugend sein.

Ob es um eine Leistungsabrechnung geht, ein Adresswechsel eingetragen werden muss oder einfach nur eine Frage zu einem Produkt aufgekommen ist: Jeder einzelne Ansprechpartner hat Teil an der Interaktion zwischen dem Kunden und dem Unternehmen. Und deshalb ist jeder Mitarbeiter auf seine Weise ein Glied in der Verkaufskette. Berater, Verkäufer ... Die Grenzen können nicht mehr so scharf gezogen werden wie früher.

> **Jeder Mitarbeiter ist auf seine Weise ein Verkäufer.**

EIN ECHTES ERFOLGSERLEBNIS

Gibt es ein schöneres Gefühl, als einen neuen Kunden zu gewinnen? Das gibt es: Das Gefühl, einen bestehenden Kunden aufs Neue begeistert zu haben oder gar – das sind seltene, aber intensive Erlebnisse – einen Kunden, der bereits gekündigt hat, wieder zur Umkehr zu bewegen. Bei Helsana gibt es eine eigene Retention-Management-Abteilung, in der Kunden, die bereits gekündigt haben, noch einmal angerufen werden. Diese Kontaktaufnahme muss zeitnah erfolgen: Lässt man zu viel Zeit verstreichen, sind weitere Anrufe nicht nur rechtlich bedenklich, sondern auch zwecklos, weil der Kunde die Versicherung längst gedanklich hinter sich gelassen hat. Wer sich jedoch rechtzeitig mit ihm in Verbindung setzt und herausfindet, was mit der Beziehung nicht stimmt, wo es Reibung gab, der überzeugt ihn einmal mehr. Wer dann vom Kunden den Satz hört: „Sie haben recht, ich bleibe gerne bei Ihnen", hat eines der besten Erfolgserlebnisse, das man als Verkäufer erleben kann.

Vielleicht erreicht man den Kunden ja auch nicht persönlich, dann hat man die Möglichkeit, eine handschriftliche Karte zu versenden – wir haben festgestellt, dass Menschen auf Handschriftliches positiver und vor allem häufiger reagieren als auf eine Mail oder ein formelles, von einer Maschine erstelltes Schreiben. Und schaltet man dann morgens den Computer an und findet eine Mail vom Kollegen vor in der steht: „Gratulation, du hast es geschafft: Der Kunde hat gerade alles unterschrieben zurückgeschickt, er bleibt bei uns", dann weiss man, dass sich die ganze Beziehungspflege am Ende gelohnt hat.

KAPITEL 5

DANIEL PÉRISSET
Head of Enterprise Business Team bei Samsung Schweiz

RIDE THE WAVE OR FIGHT THE WAVE

Auf Verkäufer kommt hoher Seegang zu. Methoden, die noch vor wenigen Jahren bei korrekter Anwendung Erfolgsgaranten waren, schrecken Kunden heutzutage eher ab – Tendenz steigend. In den kommenden Jahren werden Verkäufer Anpassungsfähigkeit und Bereitschaft zur Selbstveränderung beweisen müssen, um auf einem sich immer rascher wandelnden Markt weiter Oberwasser zu haben. Aber in welche Richtung geht die Reise?

Die grosse Veränderung kam mit den Informationen, die man als Verbraucher heutzutage relativ einfach abrufen kann: Ein kurzer Besuch bei Google & Co., und man hat alle technischen Informationen über ein Produkt und kann sogar Preise vergleichen. Den Kunden über Spezifikationen, Einsatzbereiche und andere Aspekte aufzuklären, war früher Aufgabe des Aussendienstmitarbeiters: Dieser hat sich angehört, was der Kunde brauchte, und hat ihm dann gesagt, was auf Lager war.

> **Der Kunde hat gesagt, was er brauchte, und der Verkäufer hat ihm gesagt, was auf Lager war.**

HEUTE IST DER KUNDE IM BILDE

Über das Internet können sich Käufer jedoch im Handumdrehen Wissen aneignen. Der Verkäufer muss also komplett anders gepolt sein: Er muss sich von seiner früheren Rolle des Informationsvermittlers trennen und stattdessen zu einem Bedürfniswecker werden. Er hat die Aufgabe, seinem Prospect aufzuzeigen, mit welchen Mitteln er sein Business effizienter, erfolgreicher und moderner gestalten kann.

Bei einem Gespräch mit einem Geschäftsleitungmitglied eines Key Account Kunden hat dieser die Entwicklung sehr schön auf den Punkt gebracht:

„Ich brauche keinen Verkäufer, der mir die neusten Produkte vorstellt, mich zum Golfen einlädt und mit meinen Leuten Kaffee trinkt – ich brauche jemanden, der mir Lösungen liefert, mit denen ich eine effizientere und kostengünstigere Organisation aufbauen kann. Was sind die Trends, wo sind Analysen erforderlich, wo müsste man investieren."

GUTE ZEICHEN AM POINT OF SALE

Die Bedürfnisse meiner eigenen Kunden kenne ich mittlerweile sehr gut: Seit 15 Jahren arbeite ich in der IT-Branche. Die ersten 13 Jahre war ich mehrheitlich im Print-Umfeld tätig, habe jedoch auch eine Zeitlang als Key Account Manager gearbeitet und bin nachher in die Verkaufsleitung gewechselt. Seit zwei Jahren bin ich Head of Enterprise Business Team bei der Samsung Schweiz. Unter meinen Zuständigkeitsbereich fallen alle Produkte und Lösungen, die wir im Firmenumfeld verkaufen, unter anderem:
- Display-Lösungen
- Smart-Finance-Lösungen
- Print-Lösungen
- Enterprise Mobile-Lösungen
- Storage-Lösungen

Die Displaylösungen, die unter der Bezeichnung Digital oder Smart Signage vertrieben werden, gehören zu unseren Hauptprodukten: Lösungen, die dem Kunden helfen, direkter mit seiner Zielgruppe zu kommunizieren. Man kennt dieses Prinzip bereits von Flughäfen, die dem Besucher auf strategisch aufgestellten Terminals den Weg zum gesuchten Flugschalter weisen, oder aus Supermärkten, wo Bildschirme an der Kasse die Schlangestehenden mit aktuellen Nachrichten und Neuigkeiten unterhalten. Im Grunde genommen handelt es sich um nichts weiter als technisch hochentwickelte Fernseher, die zu hochkomplexer Interaktion fähig sind.

> **Lösungen, die dem Kunden helfen, direkt mit der Zielgruppe zu kommunizieren.**

ZIELORIENTIERTE KOMMUNIKATION

Unsere Aufgabe ist vor allem, dem Kunden aufzuzeigen, wie einfach und effektiv er seine Werbebotschaften transportieren kann, wenn er unsere Lösungen zur richtigen Zeit und am richtigen Ort einsetzt. Wir bieten in diesem Bereich qualitativ erstklassige und innovative Produkte und Content Management-Lösungen an. Viele Firmen starten mit uns in ein Pilotprojekt, lassen sich von uns ausführlich beraten und erkennen schnell, welche Erfolgsmöglichkeiten ihnen mit unseren Lösungen entstehen. Wir unterstützen sie in ihrem Umsatzwachstum, welches uns wiederum die nötige Kundentreue garantiert.

Ein besonderer Vorteil der Smart Signage-Lösungen ist, dass es zu beiden Seiten des Spektrums kein Ende gibt: Anwender eines solchen Systems könnte beispielsweise eine grosse Warenhauskette sein, die auf der Verkaufsfläche befindliche Laufkunden mit Imagefilmen motiviert um so Zusatzeinkäufe zu generieren. Doch ebenso gut denkbar ist, dass der Bäcker um die Ecke unsere Displays einsetzt, um seinen Kunden seine Leckereien vor Augen zu führen. Emotionen wecken ist die Botschaft. Die richtigen Informationen zum richtigen Zeitpunkt an die richtige Zielgruppe an den Point of Sales zu transporteren. Somit gibt es für nahezu alle Zielgruppen end-

> Es kommt darauf an, Emotionen auf den Point of Sales zu transportieren.

los viele Möglichkeiten, diese Botschaften zu platzieren. Die Grösse der Unternehmen und die Art ihrer Produkte oder Dienstleistungen sind somit zweitrangig.

FRÜHE LEIDENSCHAFT VERKAUF

Dass die Smart Signage-Technologie und ihr Anwendungsrahmen mich faszinieren, überrascht aufgrund meines familiären Backgrounds kaum: Mein Vater hatte ein eigenes Geschäft, in dem Fernseher, Autoradios und Handys verkauft wurden (das war zu einem Zeitpunkt, wohlgemerkt, als Handys noch fest im Auto installiert waren). Ich gehörte schon als kleiner Junge zur inoffiziellen Belegschaft des Geschäfts und bin meinem Vater im unternehmerischen Alltag zur Hand gegangen. Vom Einkauf über die Buchhaltung bis hin zum Verkauf. Dabei konnte ich feststellen, dass mir das Verkaufen besonders Spass macht.

Menschen zu begeistern, hat mich schon immer fasziniert – Bedürfnisse für etwas zu wecken, was sie vielleicht noch gar nicht kennen, und ihnen dann einen guten Dienst zu erweisen und für die Firma Umsatz zu erbringen. Im Grunde genommen habe ich mich mein ganzes Leben lang auf die eine oder andere Weise mit Verkaufen beschäftigt.

> Es hat mich schon immer fasziniert, Menschen zu begeistern.

Derzeit führe ich bei Samsung verschiedene Sales-Organisationen: Einerseits die Verkäufer, die sich auf das Partnermanagement spezialisiert haben, welche unsere Produkte an Endkunden weiterverkaufen. Andererseits untersteht mir auch die Organisation von Verkäufern mit direktem Endkundenkontakt.

DIE TRENNUNG VON GESCHÄFTSFELDERN

Bei Samsung organisieren sich die Verkäufer nach vertikalen Segmenten. Beispielsweise gibt es:
- … einen Verkäufer, der die siebzehn wichtigsten Firmen in der Schweiz im Banken- und Versicherungsumfeld betreut.
- … einen Verkäufer, der die siebzehn wichtigsten Spitäler und Heime, also Einrichtungen im Health Care-Bereich betreut.
- … einen Verkäufer, der auf die wichtigsten siebzehn Kunden im Hotelbereich spezialisiert ist.

So dehnt sich unsere Organisation auf die Industrie, den Retail-Bereich und alle weiteren Zielgruppen aus. In meiner Funktion als Head of Enterprise Business Team habe ich Einblick in die verschiedensten Branchen und sehe, wohin die „digitale Reise" geht.

Die steigende Verfügbarkeit von Informationen und damit einhergehende Preistransparenz ist natürlich nicht der einzige Trend, den wir bei Samsung beobachten. Zum Beispiel werden Hardware und dazugehörige Dienstleistungen zunehmend getrennt voneinander eingekauft. Auch das hängt mit dem digitalen Informationsnetzwerk zusammen, das den modernen Kunden umgibt: Da der Verkäufer nicht mehr der Haupt-Informationslieferant ist, kann er eigenständig recherchieren, wo er die Hardware – unsere Displays, um beim Beispiel zu bleiben – zum günstigsten Preis bekommt. Im Anschluss findet er heraus, welcher Partner ihm einen guten Preis für die ergänzende Dienstleistung machen kann.

Der Online-Reifenhandel ist ein hervorragendes Beispiel für diese Entwicklung: Im Internet habe ich die gesamte Angebotspalette vor

> **Der Verkäufer ist nicht mehr der Hauptlieferant der Informationen.**

Augen und kann nach Belieben einen Händler wählen, der mir in puncto Preis und Qualität (die mithilfe von Online-Bewertungsportalen ebenfalls leicht zu überprüfen ist) entgegenkommt. Montieren lassen möchte ich die Reifen jedoch lieber in der Garage meines Vertrauens – denn Vertrauen spielt eine grosse Rolle, wenn ich mit den neuen Pneus bei 180 Km/h unterwegs bin. Also bitte ich den Online-Händler darum, die online eingekauften Reifen direkt zu meiner Garage zu liefern. Diese erzielt keinen Gewinn aus dem Verkauf der Reifen, wohl aber aus der Montage. Wo man früher zwischen verschiedenen Komplettpaketen wählte, sind Produktbeschaffung und Dienstleistung nun komplett voneinander getrennt.

Der Kunde, der auf diese Weise seinen Wagen neu ausstattet, ist jedoch keinesfalls ein Reifenexperte – dieser Status kam früher der Garage zu, die ihn beraten hätte, welche Reifen für sein Fahrzeug und Fahrverhalten am besten geeignet sind, um ihm anschliessend die passenden Modelle zu verkaufen. Dass diese Beratung heute wegfällt, bedeutet, dass sich viele Käufer nie ganz sicher sind, die richtige Entscheidung getroffen zu haben.

VOM VERKÄUFER ZUM BERATER?

Ein Verkäufer, der nahe genug am Kunden ist, um Bedürfnisse zu wecken, tritt eher als eine Art Consultant auf. Denn: Hat der Kunde schon eine klare Vorstellung, was er will, benötigt er den Verkäufer nicht mehr zu Informations- und Beratungszwecken, sondern nur noch für den Kaufabschluss. Damit geht auch die Chance auf Zusatzverkäufe verloren. Wer den Kunden auf seine Möglichkeiten hinweist, hat auch die Gelegenheit, neue Bedürfnisse zu wecken.

Ich bin der Meinung, dass der Markt wächst, jedoch auch hohe Anforderungen bereithält. Der Verkäufer muss umfassende Marktkenntnisse vorweisen können, um den Kunden wirklich umfassend und in dessen Interesse zu beraten. Im Zweifelsfall muss er in der Lage sein, ihm seine Vorteile in greifbaren Zahlen zu demonstrieren:

> **Der Verkäufer muss dem Kunden seine Vorteile greifbar aufzeigen können.**

„Wenn Sie Ihr Produkt mit Display XYZ bewerben, machen Sie – das haben Studien ergeben – im Schnitt 15 Prozent mehr Umsatz."

„Durch den strategischen Einsatz von Aufsteller XYZ steigt der Wiedererkennungswert eines Produkts erfahrungsgemäss um gut ein Drittel."

„Interaktive Schaufenster führten in den bisherigen Einsatzbereichen zu einem 20prozentigen Anstieg der Ladenkundschaft."

„Durch Newsletter konnten wir in vielen Fällen eine Umsatzsteigerung von 60 Prozent in Webshops erreichen."

Er darf nicht das Produkt bewerben, das er verkaufen will, sondern den Nutzen, den der Endkunde geniesst. Daraus resultiert, dass der Verkäufer nicht so sehr ein Experte für das angebotene Produkt sein muss, sondern vor allem ein Experte für das Umfeld seines Kunden: Er muss unmissverständlich darstellen können, wo der Kunde profitiert, damit dieser auch eine Investition tätigt!

DIE KOMFORTZONE DURCHBRECHEN

Gerade in unserem Bereich haben Verkäufer viele Jahre lang nur mit den IT-Abteilungen gesprochen und nur selten den Einkauf nach seiner Meinung gefragt. In mancher Hinsicht war der Kunde ein komplett unbekanntes Wesen – auch deshalb, weil er früher längst nicht so gut informiert war wie heute. Es ist noch gar nicht lange her, dass sich Verkäufer im Kundengespräch in der überlegenen Position befanden, weil sie mehr wussten als der Kunde: Produktinformationen, Deadlines, neue Line-ups und so weiter. Heute muss der Verkäufer erst einmal herausfinden, wer die grösseren Kenntnisse hat: er selber oder der Kunde.

> **Es ist noch gar nicht so lange her, dass Verkäufer in der überlegenen Position waren.**

Hier können wir ein paar Punkte sammeln, über die sich Verkäufer in Zukunft Gedanken machen sollten:
- Wie früh suche ich die Interaktion mit dem Kunden?
- Ist mein Kunde ein Experte?
- Wie motiviere ich meinen Kunden zu einer Investition?
- Wie wecke ich Kundenbedürfnisse?

Ist der Kunde kein Experte, braucht er einen Betreuer – nicht in erster Linie einen Verkäufer, sondern einen Berater, der Sorge trägt, dass er richtig investiert und der getätigte Kauf seine (möglicherweise neu geweckten) Bedürfnisse optimal befriedigt. Aber eine der grössten Herausforderungen ist meiner Ansicht nach, dass viele Verkäufer ihre Komfortzone verlassen werden müssen!

Was bedeutet das für einen Verkäufer? Dass er bestehende Strukturen einer kritischen Betrachtung unterziehen muss? Welche Methoden sind noch zeitgemäss, und welche sollten

dringend überarbeitet werden, angesichts eines veränderten:
- Marktes
- Wettbewerbs
- Kunden
- technologischen Standards
- Informationsnetzwerks?

DER VERKÄUFER ALS WELLENREITER

Ein schönes Beispiel für einen erfolgreichen Ausbruch aus der Komfortzone hängt mit dem Vormarsch von Airbnb zusammen, einer 2008 gegründeten Online-Plattform, auf der Privatmenschen voll möblierte Räumlichkeiten an Touristen, Durchreisende und andere Besucher der Region vermieten. Viele Hotels fluchen über diesen Wohnraum-Marktplatz – zu Recht, denn sie sehen ihre Felle davonschwimmen. Airbnb hat in vielen Städten die Vermieterszene bereits nachhaltig beeinflusst.

Einige Hoteliers sehen jedoch ein, dass Airbnb einen Trend repräsentiert, der sich auf lange Sicht nicht aufhalten lassen wird. Sie haben damit angefangen, die auf der Plattform Offerierenden anzuschreiben und sie zu fragen, wer nach einer Vermietung eigentlich die Wohnung reinigt? Und was ist mit der Bettwäsche? Der Grund: Der Hotelier verfügt über ein grosses Team von Service- und Reinigungskräften, das natürlich auch die Räume eines Airbnb-Vermieters aufbereiten kann. Gegen einen Aufpreis.

> **Airbnb repräsentiert einen Trend, der sich nicht aufhalten lässt.**

Das ist für mich ein gutes Beispiel für den Unterschied zwischen einem guten Verkäufer, der mit der Zeit geht, Bedürfnisse weckt und ohne zu zögern aus Alt Neu macht oder einem schlechten Verkäufer, der sich gegen Trends anstemmt und sie aufzuhalten versucht. Gemäss dem Prinzip:

„You fight the wave, or you ride the wave!"

TROUBLESHOOTING MIT KUNDEN

Ein weiterer Trend ist die Tendenz, die eigenen Kunden mehr und mehr als Mitglieder einer Community aufzufassen und ihnen entsprechende Plattformen zur Interaktion zu bieten. Wo viele Firmen Millionen in Callcenter und Hotlines mit neuster Hard- und Software und Tausenden von ausgebildeten Servicekräften investieren, gibt es andere, die zum Troubleshooting auf ihre eigenen Kunden zurückgreifen.

Schon heute gibt es Beispiele von Plattformen, auf denen sich Kunden als Spezialisten für bestimmte technische Fragen registrieren können – etwa für den Anschluss von Unterhaltungselektronik oder die Zusammenstellung von Computerbauteilen.

Es ist eine einfache Rechnung: Was ist auf lange Sicht günstiger? Eine eigene Hotline, die unterhalten werden will und dem Anrufer mit Warteschleifen, ungünstigen Öffnungszeiten und Computerstimmen auf die Nerven fällt – oder der Aufbau einer eigenen, lebendigen Community, in der sich Kunden gegenseitig helfen? Dafür muss der Anbieter natürlich bereit sein, umzudenken und sich von alten Konzepten zu trennen, die in der Vergangenheit funktioniert haben mögen, in der Gegenwart jedoch immer weniger angemessen sind.

IDEEN, IN GUTE HÄNDE ABZUGEBEN

Damit kommen wir zu der Herausforderung, der sich der Verkäufer von heute stellen muss, um auch morgen noch ein erfolgreicher Verkäufer zu sein: Wo findet er Firmen, denen er etwas verkaufen kann, also seine Zielgruppe? Welchem Beeinflusser und Entscheidungsträger gegenüber spricht er die Lösungsmöglichkeiten an? Wo kann er Bedürnisse wecken? Mit Produkten wie Smart Signage-Displays hätte er sich früher einfach an die IT gewandt, aber das ist heute nicht mehr der ideale Ansprechpartner: IT-Verantwortliche ertrinken in der Regel in Projekten, und wenn man mit einer Idee auf sie zutritt, sehen sie in erster Linie zusätzlichen Aufwand.

> **Wo findet der Verkäufer von morgen seine Zielgruppe?**

Gelingt es mir hingegen, den Marketingleiter von der Idee zu überzeugen, habe ich Zugang gefunden und kann mich darauf verlassen, dass der Verantwortliche im Unternehmen das Projekt mit antreiben wird. Der richtige Ansprechpartner kann aber auch beim Head Human Resources sein, der einen moderneren Arbeitsplatz aufbauen möchte und nach neuen Möglichkeiten sucht, seine Mitarbeiter zu motivieren und Talente aus dem Arbeitsmarkt in seine Firma zu holen.

Die erste Frage ist immer: „Wie gross ist mein Kundenstamm?", denn nur wenige Verkäufer akquirieren wirklich gerne. Ich könnte zum Beispiel einen Kunden haben, der mit uns mobile oder Print-Lösungen umsetzt. Überzeuge ich diesen davon, zusätzlich unsere Displays einzusetzen, habe ich ebenfalls Akquise betrieben – mit dem Unterschied, dass ich mit einem Kunden spreche, der bereits positive Erfahrungen mit meinem Unternehmen gemacht hat und neuen Ideen gegenüber umso aufgeschlossener ist. Hier ist das Zauberwort „up selling".

WAS HÄLT DEN KUNDEN AUF TRAB?

Salopp formuliert: Man muss Ahnung von der Branche haben, in der man unterwegs ist. Bin ich beispielsweise mit einer Bank im Gespräch, sollte ich nicht nur die Bedürfnisse des Besitzers und seiner Mitarbeiter kennen, sondern auch die Bedürfnisse der Kontoinhaber. Wo liegen die Herausforderungen für eine Bank? Was passiert aktuell auf dem Markt? Neue Zahlungssysteme wie Apple Pay, Samsung Pay und das Google Wallet verkomplizieren die Angelegenheit für den Kunden. Wo kann ich als Verkäufer helfen, Kundenbindungen auf neue Art und Weise zu knüpfen und zu festigen?

> Man muss die Branche kennen, in der man etwas verkaufen möchte.

Auf den ersten Blick wirkt es paradox: So gut der Verkäufer das Kundenumfeld kennen muss, in dem er sich bewegt, umso weniger ist es von Bedeutung, wie sehr er bei seinem Angebot in die Tiefe gehen kann. Natürlich muss er die verschiedenen Produkte und ihre speziellen Vorzüge kennen, aber wenn es um Spezifikationen geht, sollte jede Organisation Spezialisten für die einzelnen Produkte und Lösungsgruppen vorweisen können. Der Verkäufer muss wissen, wie sich die Vorstellungen des Kunden mit dem entsprechenden Produkt verwirklichen lassen, aber mit Detailwissen, etwa wie die Geräte anzuschliessen sind, sollte er sich nicht belasten. Dafür hat er die Unterstützung seiner technisch versierten Kollegen im eigenen Unternehmen.

FÜR VERKAUF IST IMMER SAISON

Wohin geht die Reise, und was bedeuten all diese Veränderungen für den Verkäufer? Er muss kreativ sein, sich informieren, Trends nicht als Hürden, sondern als Chancen ansehen. Er muss sich in den Kunden hineinversetzen und ihm aufzeigen, wo seine Probleme liegen könnten – vielleicht nicht heute, aber morgen oder übermorgen.

Am Schluss muss es natürlich zum Verkauf kommen, sonst ist man kein Verkäufer. Und das ist die ganze Herausforderung: Ich als Verkäufer positioniere mich im Endeffekt als Berater, der dem Kunden unter die Arme greift und in erster Linie auf dessen Wohl abzielt. Dennoch muss ich auch etwas verkaufen, denn der Verkauf erzeugt den Umsatz und bildet damit das Fundament, auf dem die Firma steht. Ich muss also im Zuge meiner Tätigkeit als Consultant irgendwann den Mut aufbringen, zu sagen: „Jetzt reden wir Klartext! Was sollen wir für Sie umsetzen, in welchem Umfang und bis wann?"

> **Am Schluss muss es zum Verkauf kommen, sonst ist man kein Verkäufer.**

Wer im richtigen Moment zwischen diesen Rollen umschalten kann, ist ein erfolgreicher Verkäufer und muss keine Angst haben, dass ihn Trends wie eine Welle überollen und er so seine Umsatzziele nicht erreicht. Denn mit gutem Wissen ausgestattet und der Fähigkeit, im richtigen Moment den Deal abzuschliessen, wird er auf der Erfolgwelle mitreiten und der Konkurrenz immer eine Nasenlänge voraus sein.

„Ride the wave, dont fight the wave"

KAPITEL 6

UWE TÄNNLER
Präsident Zentralvorstand von Swiss Marketing

REDEN IST SILBER, ZUHÖREN IST GOLD – WARUM VERKÄUFER DIE OHREN AUFSPERREN SOLLTEN

Zuhören!

Verkäufer geniessen gemeinhin den Ruf, den Kunden alles unterzujubeln, ohne Rücksicht auf deren Bedürfnisse. Anstatt zu beraten, wickeln sie das Gegenüber ein, werfen mit Fachausdrücken um sich und lassen den Kunden kaum zu Wort kommen. Doch die Zeiten, in denen jemand unwissend das Verkaufslokal betrat, sind mindestens seit der Kommerzialisierung des Internets vorbei. Vielmehr weiss der Kunde von heute sehr genau, was er will, und hat sich in der Regel vorgängig schon über das gewünschte Produkt informiert. Hört man ihm genau zu, kann man ihn seinen Wünschen entsprechend beraten – und im Idealfall mehr als nur den einen Verkaufsabschluss erzielen.

Mit der Kommerzialisierung des Internets haben sich die Bedürfnisse der Kunden und somit auch der Verkaufsmechanismus verändert. Während früher noch aus einer Handvoll Geschäfte ausgewählt wurde, stieg durch das Internet das Angebot ins Unermessliche. Im Web kann sich der Kunde aus weltweiten Anbietern den günstigsten aussuchen und sich das Produkt erst noch bequem nach Hause liefern lassen. Was bringt den Kunden also dazu, sich aus den eigenen vier Wänden herauszuwagen und einen Artikel im stationären Handel zu erwerben? Die Antwort liegt auf der Hand: das Bedürfnis nach einer persönlichen und individuellen Beratung als Mehrwert für den Kunden. Der Verkäufer wird zum Spezialisten, wobei dessen Persönlichkeit, Einfühlungsvermögen und Fingerspitzengefühl sowie die Authentizität und Glaubwürdigkeit der Beratung immer mehr im Vordergrund stehen. Wer gut beraten will, geht auf Bedürfnisse ein. Hierfür besitzt der Verkäufer von heute zwei gewichtige Talente: Nachfragen und Zuhören.

> Wer gut beraten will, geht auf Bedürfnisse ein.

DER KUNDE ALS EXPERTE 2.0

Produktspezifische Daten, Warentests, Käuferrezensionen, Bezugsquellen und Preisvergleiche: Um welchen Artikel es auch geht, der Kunde greift über das Internet auf eine schier unerschöpfliche Quelle an Verkaufsinformationen zu. Über den Nachbarn, der sein neues Auto vorführt, oder den Kollegen, der die Vorzüge des neuesten Smartphones präsentiert, werden die Informationen durch persönliche Erfahrungswerte ergänzt. Der Kunde wird so zum Experten – und das ganz schnell und einfach.

Die eigentliche Kaufentscheidung hängt dabei aber in erster Linie von der persönlichen Auseinandersetzung des Kunden mit dem Produkt ab und geht über die Informationsfindung und den Austausch mit Bekannten hinaus. Und genau hier beantwortet sich die Frage nach der Rolle des Verkäufers, wenn der Kunde beim Betreten der Verkaufsfläche bereits selbst Experte ist. Vor Ort kann der Kunde das Produkt berühren, die Oberfläche anfassen, das Gewicht spüren und die

Handhabung erproben. Der Verkäufer wird dabei zum Berater, vergleicht vor Ort und prüft und testet mit. Vor allem bei grösseren Investitionen wie beispielsweise einem neuen Auto oder auch einer Siebträger-Kaffeemaschine nimmt hier das Bedürfnis nach dem Austausch mit einem echten Menschen, einem Fachmann, zu. Nach jemandem, dem man in die Augen schauen kann, während man das Produkt live erlebt. Dass der Verkäufer dabei kompetenter sein und sich besser auskennen muss als der Blogger im Internet oder der Nachbar, versteht sich von selbst.

Fazit: Der Verkaufsprozess muss sich anders gestalten, um erfolgreich zu sein. Während das Interesse für ein Produkt über Plakate, TV-Spots und Onlinewerbung geweckt wird, liefern Onlineplattformen und persönliche Kontakte dem Kunden Informationen und Bewertungen. Erst hier kommt der Verkäufer zum Zug und begleitet den Kunden beratend bei seiner ersten physischen Begegnung mit dem Produkt. Er schafft Vertrauen und Glaubwürdigkeit, indem er von Experte zu Experte diskutiert und das Produkt gemeinsam mit dem Kunden erprobt. Dies ist ein Vorzug, den Onlineshops nicht liefern können. Das Produkt will live erlebt werden – und vor allem, wenn es um grosse Geldbeträge geht, wird genau dies zum Vorteil des Verkäufers.

VERKAUFEN KOSTET NICHTS, BERATUNG SCHON

Noch immer kommt es vor, dass Kunden den Artikel im Fachgeschäft ausprobieren, sich anschliessend recht herzlich für die vom Verkäufer erbrachte Beratung bedanken und das Produkt dann online bestellen. Dieses Phänomen ist gemeinhin als «Geiz ist geil»-Mentalität bekannt. Dabei ist Geiz alles andere als geil – denn nicht nur Qualität hat ihren Preis, sondern auch Beratung.

Während es beispielsweise beim Arzt ganz normal ist, für die Verschreibung eines Medikaments – also die Beratung, welches Mittel zur Linderung verhilft – zu bezahlen, ist dies bei der Verkaufsberatung noch immer mehr als unüblich. Der Verkäufer, der den Kunden ausführlich berät, vielleicht sogar nach Terminvereinbarung und mit einer Tasse Kaffee, bietet eine Vorleistung. Wer «Geiz ist geil» praktiziert, erkennt deren Wert nicht an.

> Geiz ist alles andere als geil – nicht nur Qualität, auch Beratung hat ihren Preis.

Verkaufsleistungen werden von Kunden als Dienstleistung ohne Gegenwert angesehen. Der Verkäufer investiert Zeit und Aufmerksamkeit ohne Garantie auf einen Verkaufsabschluss. Der Onlineshop hingegen verbucht einen Gewinn, ohne vergleichbare Pre-Sales-Arbeit geleistet zu haben. Diese Grundhaltung der Kunden schlägt sich beim Verkäufer und nicht zuletzt bei seinem Arbeitgeber, dem Unternehmen, als Defizit nieder. Möchte ein Unternehmen langfristig bestehen, müsste eigentlich an allen getätigten Investitionen und somit auch an Beratungsleistungen ein Preisschild hängen – dies würde jedoch eher zum Ausbleiben der Kundschaft führen, und zwar auch jener, die einen tatsächlichen Verkaufsabschluss anstrebt. Neue Ideen sind also gefragt.

Eine zielorientierte Lösung ist, dass Verkäufer die Fähigkeit entwickeln müssen, Kunden mit echtem Kaufinteresse von solchen zu unterscheiden, die einfach nur von Beratung profitieren wollen. Dafür müssen sie den Kunden aufmerksam zuhören und deren Absichten ausloten. Neue Konzepte, wie sie beispielsweise bereits in Reisebüros angewendet werden, sehen einen Fixpreis für Beratung vor, der bei einem Kaufabschluss wieder erlassen wird. Beratungsleistungen werden damit messbar. Weiter ist Preisflexibilität auf Produktebene gefragt. Wenn der Kunde beispielsweise anmerkt, dass der gleiche Artikel online 20 Prozent günstiger ist, muss der Verkäufer genügend Flexibilität und Kompetenz aufbringen, ihm entgegenzukommen – sei es, indem der Berater ihm einen Preisnachlass gewährt oder ihn davon überzeugt, dass die Preisdifferenz gerechtfertigt ist. Eins darf auch bei einem Preisnachlass durch den Verkäufer nicht vergessen werden: Selbst wenn der Gewinn vielleicht geringer ausfällt als erwartet, hat der Käufer doch gute Erfahrungen mit dem Unternehmen gemacht und wird dies an andere potenzielle Kunden herantragen.

Fazit: Der Kunde muss bei Beratungsleistungen zwingend einen Mehrwert spüren – sei dies durch Kompetenz, Fachwissen oder durch Flexibilität. Ansonsten darf der Kunde sich durchaus fragen, warum er den Artikel nicht einfach im Netz kaufen soll. Eine moralische Verpflichtung besteht nicht. Der Verkäufer ist also derjenige, der einen Grund liefern muss, warum man bei ihm und nicht bei der Konkurrenz kaufen sollte. Ein Prinzip, das übrigens auch schon vor den Zeiten des E-Commerce galt, als zwischen dem Einkauf im Elektrofachgeschäft im eigenen oder im Nachbardorf entschieden wurde.

VERKAUFEN IST STORYTELLING

Einkäufe im Internet sind im Grunde emotionslos. Dies mag für den Kauf von Produkten des täglichen Gebrauchs keinen Nachteil darstellen. Andere Produkte oder Käufe leben aber von der Emotion, und hier ist ein Gegenüber aus Fleisch und Blut unabdingbar – auf Käufer- sowie Verkäuferseite. Beide erzählen ihre Geschichte und begeistern. Der Verkäufer überzeugt dabei mit drei Qualitäten: Er ist ehrlich, authentisch und ein guter Zuhörer.

In einem ersten Schritt äussert der Kunde seine Vorstellungen, erklärt seine Bedürfnisse und den Nutzen, den er sich vom Produkt verspricht. Der Verkäufer hört zu. Nur so kann er den Kunden optimal beraten und ihm das passende Produkt verkaufen. Danach erzählt der Verkäufer: Er präsentiert, vergleicht, testet. Er lebt das Produkt vor. Dabei steht seine Glaubwürdigkeit an allererster Stelle, denn der Käufer muss ihm die Story glauben. Ein Verkäufer, der «sein» Produkt mit Leidenschaft verkauft und dabei immer das Wohl des Kunden in den Mittelpunkt stellt, weckt positive Emotionen und steckt mit seiner Begeisterung an. Kommt so ein Abschluss zustande, sind alle Beteiligten glücklich.

Ein erfolgreicher Verkäufer lässt seinen Kunden aber auch gehen, wenn er zuhört und feststellt, dass er dessen Wünsche nicht erfüllen kann. In einer solchen Situation ist ein ehrliches «Nein» definitiv besser als ein unsicheres «Ja, vielleicht». Der Gärtner bietet ihm eine Pflanze an, die in seinen Garten passt, der Telefonverkäufer einen Vertrag, der seinem Kommunikationstyp entspricht, und der Autohändler einen Wagen, der seinem Fahrverhalten entgegenkommt. Er will dem Kunden nicht etwas verkaufen, sondern ihm einen Wunsch erfüllen. Passen Bedürfnisse und Angebot dieses Mal nicht zueinander, ist das Unternehmen vielleicht dann die richtige Adresse, wenn der Kunde nach etwas anderem sucht.

> **Ein ehrliches «Nein» ist definitiv besser als ein unsicheres «Ja, vielleicht».**

DAS PRODUKT ALS STEIN DES ANSTOSSES

Wenn kein funktionierendes, überzeugendes Produkt vorhanden ist, kann dieses auch keine Begehrlichkeiten wecken oder Bedürfnisse befriedigen. Somit steht das Produkt über allem. Erst dann folgen Kaufinteresse, Marketing und Verkauf. Ein Paradebeispiel hierfür ist Apple. Der IT-Riese wird zwar gemeinhin wegen seines ausgezeichneten Marketings gelobt – und das auch zu Recht. Im Vordergrund steht aber ein Produkt, das dem Anwender einen echten Nutzen bietet und den Telekommunikationsmarkt immer aufs Neue revolutioniert. Die Begehrlichkeit und die Attraktivität des Produkts schaffen das Kaufinteresse. Durch Marketing schuf Apple aus der Begehrlichkeit seiner Kunden eine echte Fanbase. Jede Neulancierung wird gefeiert, sei die Änderung zum vorhergehenden Produkt auch noch so klein. Die Kunden zelten sogar tagelang vor den Apple Stores, um als erste das neueste Produkt zu kaufen.

Ähnlich wie bei den Paradigmenwechseln vom Kunden zum Experten und dadurch vom Verkäufer zum Berater verändert sich auch der Marketingbegriff. Während früher eine Anzeige in einem Medium geschalten wurde, herrscht heute 360-Grad-Kommunikation vor. Die Medien und Kanäle sind Kampagnen-technisch längst nicht mehr voneinander getrennt. In einem innovativen Mix begegnen uns Werbesichter auf Plakaten, in Journalen, auf Bussen, im Tram, in Internetvideos und in TV-Spots. Viele Unternehmen – Red Bull ist sicher eines der prominentesten Beispiele – treten zusätzlich als Veranstalter oder Sponsoren von Events auf. Insgesamt sind die Möglichkeiten, die einem Marketingexperten heute offenstehen, überwältigend.

MARKETING UND VERKAUF – ZWEI KOMPETENZEN, EIN DACH

Swiss Marketing bündelt als grösster Schweizer Fach- und Berufsverband für Marketing und Verkauf die Kompetenzen, Erfahrungen und Ideen von rund 4.000 Mitgliedern auf Fach- und Führungsebene unterschiedlicher Branchen. Firmenbesuche und Networkinganlässe in den rund 30 regionalen Clubs sorgen für den nötigen Austausch und den Know-how-Transfer. Vor diesem Hintergrund verifizieren wir ständig unsere Kenntnisse bezüglich des Marketings, des Verkaufs und des Verhaltens der Kunden. Wir sind am Puls der Praxis.

Diese Kompetenz und Nähe zur Wirtschaft zementiert den Sinn und Zweck des Dachverbands Swiss Marketing: die Förderung der dualen Bildung in der Schweiz. Das duale Bildungssystem ist auf eine praxisnahe Aus- und Weiterbildung ausgelegt, die schweizweit von 70 uns zugehörigen Schulungsinstitutionen organisiert wird. Die 800 Experten aus der Privatwirtschaft, die jährlich rund 1.600 Diplomanden prüfen, schreiben die Prüfungen selbst. So bleibt sichergestellt, dass sich jede einzelne Frage an den aktuellen Voraussetzungen und Entwicklungen des Marktes orientiert. Der eidgenössische Fachausweis oder das eidgenössische Diplom, welche durch die verschiedenen Prüfungen erreicht werden, sind über die European Marketing Confederation auch international anerkannt.

Als Berufs- und Fachverband haben wir somit diese zwei Standbeine: unsere Mitglieder und das Prüfungswesen. Obgleich der Dachverband Swiss Marketing heisst, setzt er sich gleichermassen für Verkauf und Marketing ein. Wir sind der Überzeugung, dass – ketzerisch formuliert – Marketing nicht ohne Verkauf bestehen kann, Verkauf aber sehr wohl ohne Marketing funktionieren kann. Was nützt die beste Marketingstrategie, wenn am Ende die Kompetenz fehlt, das Beworbene auf dem Markt zu vertreiben? Marketing ohne Verkauf, ohne gezielte Aktivität, kann keinen Erfolg verzeichnen. Gezielte und kluge Marketingaktivitäten können jedoch den Verkauf noch weiter ankurbeln. Letztendlich geht es in jedem Unternehmen darum, zu verkaufen und schwarze Zahlen zu schreiben. Marketingkampagnen müssen schliesslich gegenfinanziert werden, und der einzige, der dies zu tun vermag, ist der zahlende Kunde. Verkauf und Marketing sind somit stark miteinander verknüpft und unterstützen sich gegenseitig.

> **Marketing kann nicht ohne Verkauf bestehen, Verkauf aber sehr wohl ohne Marketing.**

Einmal im Jahr organisiert der Dachverband den Schweizerischen Marketing-Tag mit rund 1.000 Teilnehmenden. Neben spannenden Vorträgen von Experten aus den Führungsetagen grosser Unternehmen findet auch die Verleihung der «Marketing Trophy» statt. Aus jeweils über 70 eingereichten Kampagnen wählt eine renommierte Jury die innovativste und erfolgreichste aus. Dabei wird durchaus auch der greifbare Erfolg gemessen – denn erzielt eine Kampagne am Markt keinerlei Resonanz, ist niemandem mit dem Wissen geholfen, dass sie auf dem Papier sehr eindrucksvoll wirkte.

MARKETEER AUS PASSION

Uwe Tännler hat ursprünglich eine Ausbildung im Maschinenbau abgeschlossen und sich über die Jahre in verschiedenen Gebieten weitergebildet: im technischen Bereich, im Verkauf und im Marketing. Seit 20 Jahren ist er mit seinem Unternehmen, der Tännler Personalmanagement AG, selbstständig tätig. Darüber hinaus ist er Vizepräsident der European Marketing Confederation. Uwe Tännler präsidiert Swiss Marketing im Nebenamt, merkt aber an, «dass es sich regelmässig zu einem Hauptamt auswächst». Als Macher kümmert er sich eben um die wichtigsten Geschäfte am liebsten selbst.

Zum Schluss fasst Uwe Tännler noch einmal die Quintessenz des Verkaufs zusammen: Ein Verkäufer, der Spass an seiner Arbeit hat, schafft es, den Kunden Emotionen zu vermitteln. Nur so gelingt es ihm, den Kunden vom Mehrwert der Beratung zu überzeugen, woraufhin dieser im Idealfall bereit ist, dafür auch zu bezahlen. Entweder, indem er die Beratungsleistung an sich bezahlt oder indem es zu einem Verkaufsabschluss kommt. Ein erfolgreicher Verkäufer ist ein Kundenberater. Er ist nicht aufdringlich, er ist ehrlich, authentisch und er weiss, welche Bedürfnisse der Kunde hat – weil er etwas gelernt hat: Zuhören!

KAPITEL 7

PETER ZEIER
Leiter bedienter Vertrieb der Schweizerischen Bundesbahnen

HÖCHSTE EISENBAHN, DEN KUNDEN ZU ENTDECKEN

Mobil sein und mobil bleiben – das ist nicht nur eine Frage der Personenbeförderung. Wir möchten unseren Kunden die Möglichkeit geben, Leistungen flexibel und ortsunabhängig einzukaufen. Mit anderen Worten: Überall einfach zum Ticket (Schalter, Automat, online und mobile. Je weniger Einschränkungen ihm auf dem Weg zum Produkt begegnen, desto angenehmer verläuft der Kauf für ihn – und desto schneller ist er zu zukünftigen Käufen bereit.

Die Marktforschung bestätigt uns dies ebenso wie unsere eigenen Beobachtungen. Das Bedürfnis des Kunden nach Flexibilität und Mobilität ist eine Tatsache. Das ändert freilich nichts an seinem Beratungsbedarf – und da der Kunde Tickets über die neuen Kanäle rund um die Uhr bestellen kann, wollen wir notwendigerweise auch rund um die Uhr für ihn da sein, wenn er Beratung braucht. Das geht nicht am Schalter, also braucht es neue Lösungen. Individuelle Beratung und persönliche Lösungen für vielfältige Kunden!

> Wir wollen rund um die Uhr für den Kunden da sein, wenn er Beratung braucht.

DAS ZIEL IST DER WEG

Unter „beratungsintensiv" betrachten wir bei der SBB alles, was mehr ist als ein einfaches Billet von A nach B. Wir haben das Ziel, Produkte ohne Beratungsbedarf zukünftig nicht mehr am Schalter zu verkaufen, sondern über Automaten, mobile Anwendungen und andere automatische Kanäle. Schon jetzt werden rund 77 Prozent aller Fahrausweise nicht mehr am Schalter gelöst, und das dürfte noch längst nicht das Ende der Fahnenstange sein.

Natürlich bietet ein guter Verkäufer auch Beratung an, und ein guter Berater macht immer einen Verkauf daraus. Aber ich denke, die Zielführung wird in den kommenden Jahren einen grundlegenden Wandel erfahren. Derzeit werden unsere Bahnhöfe noch vorwiegend über den Umsatz geführt, also auch mit einer Umsatzvorgabe für den einzelnen Verkäufer. Wir arbeiten jedoch schon unter Volldampf daran, qualitative Vorgaben daraus zu machen.

> Ein guter Verkäufer bietet Beratung an, und ein guter Berater macht einen Verkauf daraus.

EINE ZÜGIGE LAUFBAHN

Ich bin 1973 bei den Schweizerischen Bundesbahnen eingestiegen und seit mehr als 40 Jahren an Bord – ein typisches Kind der Eisenbahn. Diese Karriere hat mich mit verschiedensten Aufgaben und Funktionen innerhalb der Organisation konfrontiert und mir unter anderem eine Weiterbildung zum diplomierten Verkaufsleiter eingebracht, mit Nachdiplom in Management und Leadership. Jetzt bin ich Leiter des bedienten Vertriebs, und unterstellt sind mir ca. 2.000 Mitarbeitende in elf Verkaufsregionen auf rund 170 bedienten Verkaufsstellen, sprich Bahnhöfen der SBB. Meine Umsatzverantwortung beträgt 4,1 Milliarden CHF.

In den vergangenen vier Jahrzehnten konnte ich quasi aus der ersten Reihe beobachten, wie sich der Verkauf verändert hat. Für versierte Verkäufer und Marketing-Spezialisten ist das freilich keine neue Erkenntnis. Was aber gerne mal übersehen wird, ist, dass im gleichen Zuge auch das Kundenverhalten eine Wandlung durchgemacht hat. Der moderne Kunde hat keine Zeit und auch kein Interesse mehr, lange vorauszuplanen: Er reagiert spontan und löst seine Tickets flexibel und kurzfristig, auch aufgrund der neuen technischen Möglichkeiten. Und natürlich reist er viel mehr als früher. Möglicherweise fragt er sich am Sonntagmorgen: „Was machen wir denn heute?", und das Ergebnis dieser Überlegung ist ein Ausflug, für den er die Dienste der SBB benötigt. Das wurde früher viel langfristiger geplant.

> **Auch das Kundenverhalten hat eine Wandlung durchgemacht.**

NEUE LEISTUNGEN FÜR NEUE KUNDEN

Als Reaktion darauf hat sich unser Angebot verändert. Die verschiedenen Kundenbedürfnisse werden auf mannigfaltige Weise abgedeckt: Einfache Fahrkarten, Mehrfahrtenkarten, Monatsabonnements, Jahresabonnements, Freizeitangebote und Fahrausweise für das Ausland … Das bedeutet für den Verkäufer, dass er die Bedürfnisse des Kunden erforschen können muss, um ihm ein massgeschneidertes Angebot zu unterbreiten. Damit er schnell erfassen kann, welche Art von Kunde er vor sich hat, haben wir unter anderem das sogenannte DISG-Modell eingeführt, das Menschen in Kategorien verschiedener Farben unterteilt:

- Der rote Typ ist der Dominante, ein Draufgänger
- Der gelbe Typ ist der Kreative, der gerne die Initiative ergreift
- Der grüne Typ ist der Harmoniebedürftige, ein Mensch, der Sicherheit braucht
- Und der blaue Typ ist der Strukturierte, der einen Standard sucht.

In den vergangenen vier, fünf Jahren haben wir es mit unseren Verkäufern trainiert, diese Kundentypen rasch zu erkennen und das Gespräch mit weiteren „Instrumenten" aus dem NLP entsprechend flexibel und kundenorientiert zu gestalten. Zum Beispiel führt es zu nichts, einem Menschen der roten Kategorie mit langen Erklärungen zu kommen – dafür fehlt ihm die Zeit, er wünscht eine schnelle Lösung, die sein Problem mit sofortiger Wirkung löst. Und wenn der Verkäufer in der Lage ist, das rechtzeitig zu erkennen, kann er auch schneller und zielgerichteter auf die Bedürfnisse des Kunden eingehen.

BAHNBRECHENDER SERVICE

Auch die Cross Selling-Fähigkeiten unserer Mitarbeiter fördern wir stark. Löst ein Kunde beispielsweise ein Ticket von Zürich nach Frankfurt, muss es Standard sein, dass die Frage fällt: „Brauchen Sie noch Euro für Ihre Reise?" An unseren Schaltern bieten wir über 90 Währungen an, aber das ist natürlich nicht der einzige Cross Selling-Aspekt: Wenn Kunden Jahresabonnements kaufen, können sie es auch gleich am Schalter versichern lassen. Das ist unser Diversifikationsgeschäft, das unseren Verkäufern natürlich eine hohe Flexibilität abverlangt, obgleich sich an unserem Hauptprodukt – der Beförderung von Menschen – im Grunde wenig geändert hat.

> **Der Kunde wählt das Angebot, das seinen Bedürfnissen am ehesten gerecht wird.**

Der Kunde wählt das Angebot, das seinen Bedürfnissen am ehesten gerecht wird. Das bedeutet natürlich auch: Wenn der Reisebus ihm grössere Vorteile bietet oder seinen Ansprüchen entgegenkommt – und sei es nur für eine Fahrt –, dann weicht er auf dieses Transportmittel aus. Er ist sehr viel spontaner eingestellt als früher, weil ihm mehr Möglichkeiten offenstehen.

Ein Beispiel ist WLAN im Zug: In unseren Fernverkehrszügen ist das heute schon Usus, und im restlichen Verkehrsnetz wird es derzeit ausgebaut. Das Bedürfnis, ständig online zu sein, hat sich parallel zur aufkommenden Digitalisierung entwickelt: Smartphones, Laptops und Tablets haben es dem Anwender überhaupt erst möglich gemacht, sich auch unterwegs eine Anbindung ans Internet zu wünschen. Auch hier gab es also eine Veränderung, auf die es rechtzeitig zu reagieren galt.

Ich bin für den bedienten Betrieb verantwortlich, trage aber für alle Kanäle die Umsatzverantwortung. Billettautomaten, mobile Anwendungen, Online-Buchungen … Die Umsätze landen schliesslich auf meinem Schreibtisch. Und da der Kunde zunehmend die Möglichkeit wünscht, seine Tickets auch mobil oder online zu beziehen, schulen wir auch unsere Mitarbeiter, damit sie diese Selbstbedienungskanäle fördern können. Die so generierten Umsätze werden dem bedienten Bahnhof gutgeschrieben, deshalb hat der Mitarbeiter keine Hemmschwelle, dem Kunden mobile oder Online-Buchungen nahezulegen. Umso mehr Zeit bleibt ihm für die beratungsintensiven Verkaufsgespräche.

DER GROSSE WANDEL

Der Kunde wird natürlich weiterhin Beratung brauchen, wenn beispielsweise mit seinem Reisesetting etwas nicht in Ordnung ist, und dafür werden unsere Verkäufer zukünftig noch stärker zuständig sein: Weg vom reinen Verkauf hin zur Beratung. Die Zeiten, zu denen es sich noch gelohnt hatte, in Schnellschalter und ähnliche lokal gebundene Lösungen zu investieren, sind vorbei. Möchte ich ein Billet kaufen, will ich nicht mehr überlegen: „Welcher Schalter ist denn am nächsten? Der in Bahnhof XYZ … aber der schliesst ja in 15 Minuten. Schaffe ich das noch? Oder gehe ich morgen gleich um sieben zur Verkaufsstelle? ..." Stattdessen setze ich mich daheim an den PC oder zücke mein Handy und bestelle die gewünschte Karte innerhalb von einer Minute – wann immer ich möchte.

Unser Motto ist und soll auch zukünftig bleiben: „Eine Reise, ein Ticket". Wir bei den SBB legen grossen Wert darauf, dass unsere Produkte stets dem Kunden entgegenkommen, nicht umgekehrt. Deshalb soll er nicht drei oder vier Tickets für eine Reise buchen müssen: Eines muss genügen, unabhängig davon, welche Route er nimmt – und unabhängig davon, über welches Medium er es bezieht.

> Unser Motto ist und bleibt: „Eine Reise, ein Ticket".

DIE ZUKUNFT IST NOCH NICHT ABGESCHLOSSEN

Machen wir uns nichts vor: Ein Zugticket ist schlussendlich nur ein Mittel zum Zweck. Es ist ein Ausweis dafür, dass sich der Kunde legitimiert fühlen darf, mit dem Zug von A nach B zu fahren. Bis vor wenigen Jahren gab es keine andere Lösung, dem Kunden diese Legitimation auszustellen, also hat man am Schalter greifbare Tickets aus Papier verkauft. Die Digitalisierung brachte ganz neue Perspektiven: Heute aktiviert der Kunde sein Ticket etwa auf dem Smartphone, löst es online, hat es auf einer Chipkarte – da gibt es zahllose Möglichkeiten. Sicherlich lohnt es sich auch in anderen Geschäftsfeldern, darüber nachzudenken, ob der verkaufte Artikel wirklich eine physische Repräsentation braucht.

Ich bin einmal von Berlin nach Hannover gefahren und habe dort ein System gesehen, das dieses Prinzip hervorragend illustriert: Am Abfahrort hielt man sein Handy hin, am Ziel erneut, und die gefahrene Strecke wurde automatisch abgebucht. In London wiederum gibt es seit 2003 die sogenannte Oyster-Card, die man im Sinne einer Prepaid-Karte mit einer bestimmten Summe aufladen kann: Der Eigentümer steigt in ein öffentliches Verkehrsmittel ein – Underground, Overground, National Rail oder DLR –, registriert sich dort mit seiner Karte, fährt bis zu seinem Ziel, hält die Karte erneut hin, und der Fahrtwert wird automatisch berechnet und abgezogen. Zuverlässig, unkompliziert, mühelos – eine Lösung, von der Fahrgäste und Transportgesellschaften beiderseits profitieren.

Im August 2015 haben wir den sogenannten SwissPass eingeführt, der keine Fahrkarte ist, sondern nur ein Trägermedium. Auf diese Karte können Sie ein Generalabonnement laden, also einen für die ganze Schweiz gültigen Fahrschein, oder auch ein Halbtagsabonnement. 2016 oder 2017 werden auch Monatsabonnements sowie weitere Zusatzprodukte hinzukommen. Die dahinterstehende Idee ist, dass man in Zukunft als Fahrgast zusätzlich auch andere Leistungen wie eine Skikarte für Flims oder ein anderes Skigebiet auf den SwissPass laden kann. Auf diese Weise beseitigen wir Beschränkungen und weichen den Begriff der „Fahrkarte" auf, um zugleich das Angebot zu erweitern. Wir wollen dem Kunden Mobilitätslösungen für seine ganze Reisekette anbieten.

NICHT DEN ANSCHLUSS VERLIEREN

Modelle dieser Art gibt es jetzt schon viele, und ich denke, sie werden auch weiterhin zunehmen. Als Anbieter muss man also darauf achten, dass man mit Entwicklungen dieser Art Schritt hält – wenn man nicht schon derjenige sein kann, der sie anstösst. Aber die Kunden werden immer einen Ansprechpartner brauchen, mit dem sie über ihre Probleme und Bedürfnisse

> Als Anbieter muss man darauf achten, dass man mit den Entwicklungen Schritt hält.

reden können. Auch das Internet ist ja nicht immer verfügbar bzw. kann die Probleme des Kunden nicht vollständig erkennen, und dann ist es wichtig, dass ein Mitarbeiter erreicht werden kann, der dem Kunden weiterhilft.

Dass der Mensch am Schalter ausstirbt, glaube ich nicht – aber seine Aufgaben ändern sich, und infolgedessen müssen wir unser Berufsbild ändern. Wer heute an einen Bahnschalter kommt, begegnet einem »Reiseverkäufer«, und wir möchten daraus einen »Mobilitätsberater« machen. Unsere Mitarbeiter sollen den Kunden über die ganze Mobilitätskette betreuen und beraten. Vielleicht können sie nicht alle Probleme auf Anhieb lösen, aber sie können dem Kunden zumindest weiterhelfen und ihn in die richtige Richtung dirigieren.

VERKÄUFER GEBEN UNTERNEHMEN EIN GESICHT

Der Verkäufer – in unserem Fall der Mitarbeiter des bedienten Vertriebsteams – ist das, was der Kunde wahrnimmt. Mit anderen Worten: er ist das Gesicht des Unternehmens. Es ist also von elementarer Bedeutung, dass der Verkäufer als menschlich und hilfsbereit wahrgenommen wird.

> Der Verkäufer muss den Menschen mögen, denn der Verkauf wird immer menschlicher.

Daher muss der Verkäufer nicht nur digitale Kompetenzen vorweisen und fähig sein, Beratungsleistungen zu erbringen – er muss auch Menschen mögen, denn der Verkauf nähert sich dem Menschen immer stärker an. Er muss persönliche Gespräche führen können, zielgerichtet, damit sich der Kunde auch ernstgenommen fühlt. Der Austausch von der Art: „Grüss Gott, Bern einfach?

20 CHF. Danke, auf Wiedersehen", hat ausgedient. Die erste Frage des Verkäufers muss auf die Wünsche des Kunden abzielen, und der Rest des Gesprächs muss sich darum drehen.

ZUFRIEDENHEIT KANN MAN MESSEN

Der persönliche Dialog mit dem Kunden wird noch weiter an Bedeutung zunehmen. Es ist also wichtig, dass sich der Kunde stets vom Personal ernstgenommen und natürlich verstanden fühlt. Wurde sein Problem erkannt, honoriert und gelöst? Das sind die KPIs, nach denen Mitarbeiter mit Kundenkontakt in Zukunft gemessen werden. Wer nur auf den Umsatz schaut, lässt die wichtigsten Faktoren ausser Acht. Denn wie kann man einen Mitarbeiter nach seinem Umsatz beurteilen und zugleich verlangen, dass er ein guter Berater ist? Die Herausforderung liegt in der Symbiose von Beratung und Verkauf.

> **Wer nur auf den Umsatz schaut, lässt die wichtigsten Faktoren ausser Acht.**

Also müssen neue KPIs generiert werden, die sich ebenso präzise und sauber messen lassen wie der Umsatz. Befragungen sind zum Beispiel eine Möglichkeit, Einblick in das Empfinden der Kunden zu erhalten. Ich weiss von einigen Dienstleistungsunternehmungen, die an ihren Bahnhöfen Apparate mit vier Knöpfen aufstellen. Auf diesem wird eine Frage im Sinne von: „Wie zufrieden waren Sie heute mit dem Service unserer Mitarbeiter" angezeigt, und der Kunde kann einen der Knöpfe drücken. Das lässt sich buchstäblich im Vorbeigehen erledigen, liefert aber trotzdem exakte Ergebnisse und gibt auch Hinweise darüber, wie zufrieden die Kunden heute, gestern und vorgestern waren – und der Anbieter kann einen sauberen Vergleich ziehen.

Es gibt also schon heute viele Möglichkeiten, die Qualität – ein eher fliessender Faktor, dem man oft nur annäherungsweise begegnen kann – exakt zu messen. Sicherlich sind wir noch nicht überall so weit, dass sich aus diesen Untersuchungen die perfekte Vorgehensweise ableiten liesse, aber man kann entsprechend schon einmal Schulungen anbieten und die Beratungskompetenz der Mitarbeiter weiterentwickeln. Und natürlich ist schwer zu übersehen, dass es einen Zusammenhang zwischen der Zufriedenheit des Kunden und – um nur ein Beispiel zu nennen – seiner Zeit in der Schlange gibt ...

> Es gibt schon heute viele Möglichkeiten, Qualität exakt zu messen.

FACHWISSEN ALLEIN GENÜGT NICHT

Der Verkäufer muss selbstredend auch weiterhin Grundkenntnisse über das Angebot mitbringen. Wenn er nicht weiss, was sein Arbeitgeber verkauft, kann er seine Tätigkeit als Berater nicht erfüllen, die ja darauf hinausläuft, aus dem Portfolio des Anbieters das Produkt auszuwählen, das die Bedürfnisse des Kunden optimal befriedigt. Zudem muss er in der Lage sein, gesuchte Informationen sofort abzurufen, um die Fragen des Kunden ohne Verzögerung zu beantworten.

Das ist nichts Neues – auch früher spielte das Wissen um Angebote und Preise eine grosse Rolle für Berater. Der Unterschied ist, dass diese Kenntnisse nicht mehr im Vordergrund stehen dürfen. Die soziale Kompetenz ist heute der ausschlaggebende Erfolgsfaktor. Nehmen wir beispielsweise an, ein Kunde erscheint erzürnt am Schalter, weil ihm sein Anschlusszug vor der Nase weggefahren ist. In diesem Moment muss der Verkäufer die Kompetenz

> Die soziale Kompetenz ist heute der ausschlaggebende Faktor.

besitzen, den Kunden richtig einzuschätzen, zeigen, dass er sein Problem ernst nimmt, und ihm eine zufriedenstellende Lösung anbieten.

Wie reagiere ich als Verkäufer in Stresssituationen? Was mache ich, wenn der Kunde aggressiv wird? Bin ich fähig, seine Reaktion abzugrenzen – zu verstehen, dass er nicht auf mich als Mitarbeiter wütend ist, sondern auf das Unternehmen? Bin ich dazu fähig und besitze das entsprechende Fachwissen, kann ich praktisch jedem Kunden weiterhelfen. Auf diese Weise entschärfe ich auch Konfliktsituationen und kann frustrierte Kunden zurückholen, die ansonsten vielleicht sogar den Anbieter gewechselt hätten.

DIE SPRACHE DES KUNDEN

Hilfreich ist natürlich auch, wenn ein Verkäufer den Kunden in seiner Landessprache ansprechen kann. Bei den SBB haben wir Kunden, die Deutsch, Italienisch oder Französisch sprechen, aber auch viele englisch- und spanischsprechende Passagiere. Ähnliche Muster kristallisieren sich gewiss auch in anderen Unternehmen heraus. Also muss ein Verkäufer auch Sprachkompetenz mitbringen. Ein, zwei Fremdsprachen schaden keineswegs, denn der Kunde fühlt sich ernst genommen, wenn ich ihn in seiner Muttersprache ansprechen kann. Sprachliche Kompetenz ist somit auch ein Ausdruck von Mobilität: Je mehr Sprachen ich spreche, desto weniger Grenzen gibt es in meiner Kommunikation mit anderen Menschen.

> **Sprachliche Kompetenz ist auch ein Ausdruck von Mobilität.**

Der Verkäufer von morgen bzw. der Mobilitätsberater muss fähig sein, durch die Augen seiner Kunden zu sehen. Die Frage

„Welches Problem gilt es zu lösen" muss gestellt werden, aber sie ist nur der Anfang: Welche Lösung passt am besten zum Persönlichkeitstypen des Kunden? Welche Lösung erbringt optimale Ergebnisse? Welche Lösung kann er auch eigenständig und ohne Hilfe eines Experten einsetzen? Wer auf Grundlage dieser Überlegungen massgeschneiderte Leistungen liefert, den kann keine Marktveränderung aus den Gleisen werfen.

KAPITEL 8

MARCEL BURKART
Head Customer Management
UP-GREAT AG

DER VERKÄUFER AUF DER DIGITALEN REISE

Verwenden Sie Dropbox? Legen Sie auch geschäftliche Daten dort ab? Dieser wie auch viele andere Cloud-Dienste haben unser Leben erleichtert und uns unabhängig wie selbständig gemacht. Brauchen wir da eigentlich noch einen IT-Fachmann? Oder brauchen wir nur noch jemanden, der für unser Problem die passende Lösung zeigt?

Fakt ist: Der Mensch wird immer ungeduldiger. Alles muss schnell, sofort und gestern passiert sein. Da kann es schon mal passieren, dass ein Abteilungsleiter sich selbst hilft, wenn ihm die eigene IT-Abteilung zu lange braucht. Zückt die Kreditkarte, geht ins Internet und besorgt sich für 9,90 CHF pro User und Monat irgendein Cloud-Tool, das kann, was er braucht.

> **Alles muss schnell, sofort und gestern passiert sein.**

Die Daten liegen dann vielleicht irgendwo in den USA und entsprechen damit nicht den Unternehmensrichtlinien – das ist dem Arbeitnehmer in dem Moment aber egal. Wissen Sie, dass das für einen IT-Leiter der absolute Alptraum ist? Wer hat die Daten noch unter Kontrolle? Und wenn ein Arbeitnehmer das Unternehmen verlässt, nimmt er seine Dropbox mit – mit allem, was darin ist. Im Gegensatz zu früher hat der IT-Leiter heute kaum eine Chance mehr, das zu verhindern. Dieses Beispiel zeigt: Die „Macht" wendet sich von den IT-Abteilungen weg.

MACHT VS. ERWARTUNG

Ich erinnere mich noch an die Anfangsphase des Technikrausches: Weil es ein starkes Differenzierungsmerkmal war, brauchte plötzlich jedes Unternehmen IT. Damals war der IT-Leiter die unantastbare Oberhoheit. Alles, was er sagte, war richtig und wichtig, weil niemand sonst etwas davon verstand.

Heute heisst der IT-Leiter CIO. Mit dieser Umbenennung hat er zwar an Macht gewonnen – aber gleichzeitig sind die Erwartungen an ihn enorm gewachsen. Von einem CIO wird heute erwartet, dass er Innovationen ins Unternehmen bringt und die Fachabteilungen dabei unterstützt, Kunden- und Geschäftsprozesse zu digitalisieren.

Warum ich so weit ausbole? Aufgrund folgender Frage: Wer ist denn nun der richtige Ansprechpartner für Verkäufer, die IT-Lösungen und Anwendungen verkaufen? Was meinen Sie?

WER IST FÜR MEIN PRODUKT DER RICHTIGE ANSPRECHPARTNER?

Häufig ist es genau nicht der IT-Leiter. Denn wenn wir über Innovation und Digitalisierung sprechen, sitzen die Entscheider entweder in den Fachabteilungen oder auf dem C-Level. Damit verschiebt sich der Fokus im Verkauf. Und wenn sich der Ansprechpartner ändert, muss sich die Ansprache ebenfalls ändern. Einen IT-Leiter muss ein Verkäufer mit technologischem Know-how begeistern, ein Fachabteilungsleiter oder CFO dagegen wird davon wahrscheinlich nicht mal die Hälfte verstehen, ganz abgesehen davon, dass es ihn auch nicht interessiert.

Aus dieser Unterscheidung ziehe ich folgendes Fazit: Ein Verkäufer muss sich auf die Augenhöhe seines Kunden begeben. In unserem Fall heisst das: Er muss nicht mit Technologie überzeugen, sondern er muss vielmehr verstehen, welchen Einfluss Technologie auf die Geschäftsprozesse und die Menschen, die damit arbeitet, hat.

> **Ein Verkäufer muss sich auf Augenhöhe seines Kunden begeben.**

Es hängt natürlich davon ab, in welchem Markt man sich bewegt und wer mein Gegenüber ist. Ich sage meinen Verkäufern immer: „Wenn ihr merkt, dass ihr im Akquisegespräch einen Menschen vor euch habt, der stark technisch verankert und vom Menschentyp eher fakten- und technologieorientiert ist, dann nehmt einen technischen Pre-Sales mit." Denn auch dann ist es nötig, dem Kunden auf Augenhöhe begegnen zu können. Und bei einem solchen Gegenüber kann Halbwissen den Deal zum Platzen bringen.

Um sein Angebot gut zu verkaufen, sollte ein Verkäufer sich folgende Fragen stellen:
- Wer sitzt mir gegenüber?
- Welche strategischen Herausforderungen hat mein Gegenüber?
- Warum löst meine Lösung seine Probleme?

PROBLEME ERKENNEN

Heute ist es die Aufgabe des Verkäufers, die strategischen Herausforderungen des Kunden zu erkennen und ihm die richtigen Lösungen dafür anzubieten. Der Kunde interessiert sich nicht für die Technik, sondern möchte schlussendlich nur wissen, was der Nutzen für ihn ist. Wie er mehr Stabilität in seinem Betrieb bekommt, wo die Lösung sein

Wachstum unterstützt oder ob sie ihm hilft, mehr Geld zu verdienen. Das klingt vielleicht banal, sollte aber immer das Ziel des Verkäufers sein. Um das zu erkennen, braucht es vor allem eines: ein Verständnis für das Geschäftsmodell des Kunden.

WAS BRAUCHT EIN TOP-VERKÄUFER?

Bei UP-GREAT lassen wir alle Bewerber für Sales Positionen durch ein Assessment gehen. Ziel dieses Assessments ist es, die Kandidaten in einer realen Gesprächssituation zu erleben. Und es ist gravierend, wie gross der Unterschied zwischen den Kandidaten hinsichtlich der Qualität „Kundenverständnis" ist. Wir haben schon Assessments erlebt, wo Kandidaten ihrem „Gegenüber" keine einzige Gelegenheit gegeben haben, zu Wort zu kommen. Wie will ich denn die Herausforderungen meines Kunden verstehen, wenn ich ihn nicht reden lasse?

Ich selbst bin seit drei Jahren bei UP-GREAT in der Position des Verkaufsleiters. UP-GREAT ist ein IT-Dienstleistungs- und Beratungsunternehmen. Meine Hauptaufgabe ist die Organisation und Koordination der Vertriebsorganisation. Unsere Kompetenz liegt in der Begleitung von mittelständischen Unternehmen auf ihrer digitalen Reise. Wir unterstützen sie mit Informationstechnologien in vier Kernbereichen:
- in der automatisierten Bereitstellung von hybriden Cloud-IT-Plattformen,
- in der Umsetzung einer modernen mobilen Arbeitsweise unter Berücksichtigung der Sicherheit von Geschäftsdaten,
- im teilweisen oder kompletten Outsourcing von IT und
- in der Realisierung eines ganzheitlichen Informationsmanagements.

Ich suche keine Kandidaten mit besonderen Kenntnissen im IT-Bereich. Natürlich hilft es, wenn jemand ein gewisses technologisches Verständnis mitbringt oder schon Erfahrung in IT-Unternehmen gesammelt hat, aber das ist nicht die zentrale Anforderung. Ich denke sogar: Je mehr technisches Verständnis vom Produkt und je mehr Know-how jemand hat, desto eher steht ihm das im Weg.

> Ich suche keine Kandidaten mit besonderen Kenntnissen im IT-Bereich.

Das ist psychologisch bedingt: In einem schwierigen Verkaufsgespräch greife ich auf die Ressourcen zurück, in denen ich am kompetentesten bin. Das gibt mir Stärke, Sicherheit und Selbstvertrauen. Wenn ich also stark technologisch ausgebildet bin und viel Kompetenz im technischen Bereich habe, dann greife ich auf dieses Wissen zurück. Der Kunde denkt sich dann: „Ah ja, der ist sehr kompetent, aber er hat wahrscheinlich überhaupt nicht verstanden, um was es mir geht."

VERKAUFEN IST HANDWERK

Weshalb manche Verkäufer mehr Erfolg haben als andere, ist ein Thema, das immer wieder zur Sprache kommt.
- Muss der Verkäufer sozial und kompetent sein?
- Ist es wichtig, dass er ein offenes Wesen hat und motiviert ist?
- Hat nur Erfolg, wer ein gutes Netzwerk hat?

Meine Antwort darauf ist: Verkauf ist ein Handwerk wie jedes andere. Wenn jemand Schreiner oder Metzger sein möchte, dann muss er das lernen. Auch wenn viele Verkäufer es bezweifeln: Verkaufen ist erlernbar. Wissen, das sich Verkäufer erarbeitet haben, muss konsequent umgesetzt werden. Gleichzeitig darf ein Verkäufer, der Erfolg haben möchte, nie aufhören, sich selbst weiterzuentwickeln. Es gibt viele Sales, die sagen: „Verkaufen hat mit Glück zu tun." Das stimmt – aber nicht nur, denn:

Verkaufen ist erlernbar.

„Luck is what happens when preparation meets opportunity" – Seneca

„VORBILD STATT LEITBILD"

Ich bin selbst im Verkauf tätig, akquiriere und betreue als Key Account Manager mehrere Kunden. Das mache ich aus persönlicher Überzeugung. Ein Verkaufsleiter sollte vorleben, was er von seinen Sales erwartet. So sporne ich meine Mitarbeitenden nicht nur zum Telefonieren an, sondern beteilige mich aktiv an der Telefonakquise.

Vor meiner Zeit bei UP-GREAT war ich Geschäftsführer einer Kommunikations- und Medienagentur. Es war ein kleineres Team, da ist es üblich, dass der Geschäftsführer auch gleich Verkäufer ist. Deshalb war ich stark in den direkten Verkauf involviert. Bei UP-GREAT kommen nun alle strategischen Komponenten hinzu: Verkaufsplanung, Verkaufsförderung, Monitoring und Führung von Mitarbeitern.

WIE VIEL DRUCK BRAUCHT EIN TOP-VERKÄUFER?

Obwohl ich schon verschiedene Führungspositionen hatte, musste ich feststellen, dass der Verkäufer aus Führungssicht eine spezielle Kategorie ist. Im Gegensatz zu anderen Mitarbeitenden ist ein guter Verkäufer sehr selbstständig und möchte das auch bleiben. Er braucht sehr viel Freiraum und lässt sich nicht gerne einschränken. Das Spannungsfeld zwischen Kontrolle und Motivation ist deshalb sehr sensibel.

Auf der einen Seite muss ein Aussendienstmitarbeiter, was seine emotionale Stabilität anbelangt, immer auf dem höchsten Level operieren. Das heisst, er muss:
- motiviert sein,
- sich unterstützt fühlen,
- stark und überzeugend sein und
- begeistern können.

Gleichzeitig muss man ihm jedoch eine gewisse Richtung vorgeben. Er soll schliesslich die Strategie des Unternehmens unterstützen, mit umsetzen und den Kunden dorthin führen. Ohne eine gewisse Führung kann er dies nicht bewerkstelligen.

Meine Herausforderung ist ein Balanceakt:
- Wie viel Freiraum lasse ich ihm?
- Wie viel Unterstützung gebe ich ihm?
- Wie führe ich?
- Führe ich überhaupt?
- Führe ich nur über die Ziele?

Aus Führungssicht ist es wichtig, die Individualität seiner Mitarbeiter aufzunehmen und zu respektieren. Beim einen funktioniert Druck, beim anderen überhaupt nicht. Da ist es meine Aufgabe, jedem von ihnen genau das zu geben, was er braucht. Aber das ist noch lange nicht meine einzige Herausforderung …

WANDEL IM IT-MARKT

Die Vergleichbarkeit der Produkte auf dem IT-Markt ist heute recht hoch, vieles ist standardisiert. So gibt es keine bis kaum Differenzierungsmöglichkeiten zwischen den einzelnen Technologien und Produkten mehr. So ist es umso wichtiger, dass ein Technologieanbieter, wie wir es sind, sich mit anderen Qualitäten gegenüber den Wettbewerbern abgrenzen kann. Die Frage, warum ein Kunde bei uns und nicht bei der Konkurrenz kauft, ist nicht mehr über das Portfolio beantwortbar. Zudem wird IT heute von vielen Kunden als selbstverständlich angesehen. Deshalb ist der Anspruch hoch: IT hat zu funktionieren, egal wie und wo.

Damit steigt die Herausforderung, wie auch die Erwartung an den Verkäufer im IT-Markt. Seine Rolle muss sich ändern. Früher war ein IT-Sales jemand, der durch technologische Kompetenz überzeugen musste. Er kannte die Technologie und er wusste, welche Vor- und Nachteile die unterschiedlichen Produkte hatten. Der Kunde war auf den Verkäufer angewiesen. Wenn der Verkäufer das richtige Portfolio an Produkten hatte, dann konnte er damit extrem erfolgreich sein. Das hat sich geändert. Heute ist nicht mehr relevant, ob der Kunde Produkt A oder B wählt, sondern was ihm das jeweilige Produkt bringt. Was ist der Nutzen für seine Organisation, seine Prozesse und wie unterstützt es seine Strategie? Diesen Mehrwert aufzuzeigen, ist die Kernaufgabe des IT-Sales geworden.

Das Internet hat den gesamten Verkaufsprozess auf den Kopf gestellt. Wir wissen, dass heute über 60% der Informationsbeschaffung bei Investitionsentscheiden im B2B-Geschäft passiert, bevor der potenzielle Kunde mit dem Vertrieb den ersten Kontakt hat. Der Interessent hat sich im Internet alle Informationen besorgt, die er braucht. Daraus ergeben sich für den Verkauf zwei Anknüpfungspunkte: Auf der einen Seite muss ich zusammen mit dem Marketing dafür sorgen, dass uns die „richtigen" Kunden finden und sich während des Informationsbeschaffungsprozesses für uns entscheiden. Auf der anderen Seite müssen wir im Verkauf darauf aus sein, potenzielle Kunden zu identifizieren und zu gewinnen, quasi bevor sie ins Internet gehen.

BEDÜRFNISSE WECKEN

Das heisst aber auch, dass es als Verkäufer nicht mehr nur darum geht, die Lösung zusammen mit dem Kunden zu definieren, sondern wir müssen dem Kunden unter Umständen bereits sein Bedürfnis und den Nutzen daraus aufzuzeigen, bevor er es selber entdeckt. Der „Vertrieb" muss heute viel früher im Prozess einsetzen, denn das Gewicht liegt stärker in der Bedürfnisanalyse als im reinen Offering.

> **Es geht oft darum, dem Kunden sein Bedürfnis aufzuzeigen, bevor er es selber entdeckt.**

Natürlich sind die Technologie und die Spezialisten, die die Lösungen bauen, ebenfalls sehr wichtig: In IT-Unternehmen wird der Anteil der Mitarbeiter in verkaufsähnlichen Positionen aber weiter wachsen. Die Produktion der Lösung wird mehr und mehr automatisiert, ich brauche also weniger Manpower in der effektiven Bereitstellung der Leistung. Aber ich brauche mehr Leute, die im Verkauf und in der Beratung tätig sind und mehr Leute, die Marketing betreiben – der Anteil, den die Sales-Organisation in fünf Jahren in einem IT-Unternehmen einnehmen wird, wird drastisch steigen.

Ein Beispiel dazu: Wenn einer unserer Kunden seine gesamte IT outsourced und sagt: „Ich möchte gerne meine komplette Infrastruktur in ein „shared hosting" übergeben", dann passiert heute sehr viel auf Knopfdruck. Firmen wie Microsoft, Amazon oder Google machen es bereits vor: Wenn jemand bei Microsoft einen Office 365-Account eröffnet, erhält er automatisch E-Mail, Kalender, Datenspeicher und Telefonie zur Verfügung gestellt. Bei Microsoft rührt dazu kein Mensch einen Finger, alles ist automatisiert.

VOM PRODUKT- UND LÖSUNGSVERKÄUFER ZUM TRUSTED ADVISOR

Die Herausforderung ist heute wie in Zukunft die Frage: Wem verkaufe ich was und warum? Im Zuge dieser Veränderung wird sich die Rolle des IT-Sales neu orientieren. Früher war er Produktverkäufer, heute verkauft er Lösungen. Gleichzeitig nimmt der Individualisierungsgrad der Lösungen für den Kunden in den nächsten Jahren ab, je höher der Grad der Automatisierung und Standardisierung ist. Das bedeutet, mein Beitrag als Sales geht wieder weg von der Beratung bezüglich der individuellen Lösung für den Kunden. Stattdessen werde ich dem Kunden vermehrt aufzeigen, welche standardisierte Lösung schlussendlich für ihn die Richtige ist. Der Fokus wird sicher noch immer sehr stark bedürfnisorientiert sein – also ausgerichtet auf das, was der Kunde für die Digitalisierung der Geschäftsprozesse und -strategie braucht und was nötig ist, um ihn bestmöglich zu unterstützen. Aber der Weg wird ein anderer sein: Nicht mehr: „Ich schau mal, welche Lösung meine Spezialisten für den Kunden zusammenbauen können", sondern: „Nimm Cloud-Service A oder B". Der Verkäufer tritt nicht als technologielastiger Produkte- und Lösungsspezialist auf, sondern als nutzenorientierter „Trusted Advisor".

WELCHES WISSEN BRAUCHT EIN TOP-VERKÄUFER?

Für diesen zukünftigen Markt ist ein Verkäufer gut gewappnet, wenn er das Verständnis für sein Gegenüber mitbringt, wenn er versteht, wie Geschäftsmodelle sich verändern und welchen Beitrag Technologie in der Digitalisierung leisten kann. Wenn ich heute entscheiden müsste, ob in der Ausbildung eher Wert auf Produkt- und technologisches Know-how gelegt wird oder aber auf Psychologie und BWL, würde ich jederzeit sagen: Vergesst Technologie, überlasst das den Profis. Schaut, dass ihr auf strategischer Ebene mit dem Kunden sprechen könnt:
- Wo liegen die Herausforderungen im Geschäftsmodell?
- Wie funktioniert Organisation und Zusammenarbeit?
- Wie können Geschäftsprozesse optimiert werden?
- Und wo kann ich da mit Technologie einen Mehrwert schaffen?

KAPITEL 9

SANDRO CATTANEO
Country Manager Odlo Schweiz

INNOVATION TRIFFT INSPIRATION

Vor einiger Zeit bin ich in ein Geschäft gegangen, weil ich mir eine Gesichtscreme kaufen wollte. Ich steuerte zielgerichtet auf das entsprechende Regal zu, doch dort, wo ich sie vermutete, stand sie nicht mehr. Das Geschäft hatte umgestellt. Noch überrascht darüber und mit den Augen das Regal abfliegend, sprach mich eine junge Verkäuferin an. „Junger Mann, Sie suchen sicher die Gesichtscreme XY?" Beinahe noch überraschter fragte ich: „Ja! Aber woher wissen Sie das?" „Sie sind so bewusst zu diesem Regal gelaufen, wo wir lange Zeit diese Gesichtscreme stehen hatten. Da war mir klar, dass Sie diese suchen."

Diese Verkäuferin hat mich mit ihrer intuitiven Gabe, zu wissen, wie sie mich anzusprechen hat, überrascht! Mich! Wo ich schon 32 Jahre im Geschäft bin! Das zeigt, dass sich eines im Verkauf bis heute nicht geändert hat: Wenn du es schaffst, den Kunden zu überraschen und zu begeistern, wird er kaufen. Aber warum eigentlich?

> **Wenn du es schaffst, den Kunden zu inspirieren und zu begeistern, wird er kaufen.**

WIE KAUFEN WIR EIN?

Ich habe eine Kollegin mal gebeten, mir eine Liste ihrer zehn letzten Einkäue aus dem Fashion-Bereich anzufertigen. In die Spalte daneben bat ich sie, den Ort, an dem sie den Artikel gekauft hatte, zu notieren. In die dritte Spalte sollte sie schreiben, wann sie sich für den Artikel entschieden hat. Beinahe bei jedem Artikel kam raus, dass sie emotional und spontan

> 80% der Kaufentscheidungen werden spontan und emotional getroffen.

gehandelt hatte. Das bestätigt die seit langem kursierende Angabe, dass 80% der Kaufentscheidungen spontan und emotional getroffen werden

Die zweite Auffälligkeit war, dass sie fast jeden Artikel in einem anderen Geschäft gekauft hatte. Das ist eine Entwicklung, die ich schon in meinen ersten Jahren im Verkauf gut beobachten konnte. Nach der Schule habe ich eine Ausbildung zum Sportartikelverkäufer gemacht und im Anschluss 1995 mit einem Freund ein Geschäft eröffnet. Ich erinnere mich sehr gut an eine Situation von damals. Wir standen im Laden und ich schaute aus dem Fenster. Da sehe ich einen Stammkunden von uns. Damit meine ich wirklich, dass er jede Woche einmal bei uns war. Er hatte eine Kundenkarte und kam mit uns zu Sportveranstaltungen und Aktivitäten. Und da sehe ich, wie er mit einer Tüte von unserem grössten Konkurrenten die Strasse entlang läuft! Ich hab gedacht, mich trifft der Schlag! Ich war derart enttäuscht und habe mich gefragt, was wir wohl falsch gemacht haben.

TREUER FAN

Das Stichwort ist hier also Kundentreue und die hat sich im Vergleich zu früher radikalisiert. Denn entweder ist sie radikal gar nicht vorhanden, das nennen wir ganz normal „Kunde", oder sie ist derart radikal vorhanden, dass wir dafür mittlerweile die Begriffe „Fan" und „Friend" haben. Also wenn wir einen Kunden haben, ist das schön und gut, wir können aber heute nicht mehr erwarten, dass der wiederkommt. Bis noch vor kurzem war die Steigerungsform von Kunde „Stammkunde". Aber was eine Marke wirklich will, sind Fans. Und wir kennen genug Marken, die das geschafft haben: Ob Apple,

Nike, Nespresso. Dafür muss die Marke so positioniert sein, dass sie top of mind ist, damit die Kunden an sie denken und ihr treu bleiben.

Doch wie schafft man das? Denn wenn wir ehrlich sind, keiner von uns hat auf Apple gewartet, oder? Niemand ist zu Steve Jobs gegangen und hat gesagt: „Bitte entwickle mir ein iPhone, ich brauche das." Stattdessen kommt die Innovation zuerst. Eine Firma wie Apple, die Millionen von Fans hat, die muss ihre Produkte gar nicht mehr gross bewerben. Sie lassen stattdessen ihre Fans wissen, wann sie ein neues Produkt vorstellen und ob das Produkt gut oder schlecht ist, ist erstmal nicht wirklich entscheidend. Fans kaufen die neuen Produkte blind, probieren sie aus, sind begeistert davon und erzählen es weiter. Und damit bringen sie auch andere Konsumenten dazu, sich das Produkt zu kaufen. Dafür muss das Produkt aber nicht nur gut, sondern sehr gut sein – es muss in der Lage sein, zu begeistern.

> **Keiner hat auf Apple gewartet!**

ZUERST KOMMT DIE INNOVATION

Als Pionier der technischen Wäsche entwickeln wir von Odlo ebenfalls Innovationen. Beispielsweise haben wir eine Kampagne mit dem Schweizer Langläufer Dario Cologna gemacht. Wir zeigten ihm unsere neuste Innovation auf verschiedenen Plakaten und das Produkt verkaufte sich dadurch schon mal ziemlich gut. Aber es ist natürlich das Schönste, wenn daraufhin die Konsumenten in den Laden kommen und sagen: „Ich hätte gerne das Dario Cologna-Produkt. Hast du das?" Und wenn der Kunde von dem Produkt begeistert ist, wird er es weitererzählen. Vielleicht wird er noch einen Social Media-Post verfassen und sogar zum Facebook-Friend von Odlo.

> Wenn du Marktleader bist, dann wartet der Konsument, bis du etwas Neues baust, und kauft es, weil er Vertrauen in die Marke hat.

Auf solche Innovationen sind unsere Athleten genauso wie die Konsumenten angewiesen. Deshalb tüfteln wir daran intern in unserem Innovationcenter im Headquarter und wenn wir eine fertiggestellt haben, bringen wir sie auf den Markt. Manchmal dauert das drei, vier Jahre, bis ein Produkt auf den Markt kommt. Aber wenn du Marktleader bist, dann wartet der Konsument, bis du etwas Neues baust, und kauft es, weil er Vertrauen in die Marke hat.

Ganz anders ist es mit dem tausendsten roten T-Shirt – das braucht niemand und darauf wartet auch niemand.

Um in Zukunft erfolgreich zu sein, setze ich auf:
- Innovation
- Inspiration
- Wetterunabhängigkeit

Wetter nenne ich bewusst, weil Odlo eine recht winterlastige sowie - abhängige Marke ist, zumindest derzeit. Die Marke wird 2016 70 Jahre alt. Seit 1987 sind wir eine Schweizer Marke mit norwegischen Wurzeln, da die Marke in Norwegen erfunden wurde. In der Schweiz haben wir einen hohen Bekanntheitsgrad. Vor drei Jahren kam bei einer Studie raus, dass wir 65% Brand Awareness in der Schweiz haben, das ist sehr hoch. Mein Ziel ist es, unser Wäscheimage abzustreifen und auch die Winterabhängigkeit auszubalancieren, um im gesamten Jahr erfolgreich zu sein.

Innovation heisst, innovative Produkte, innovative Geschichten, innovative Dienstleistungen. Und mit **Inspiration** meine ich ganz klar das Marketing. Also: Wie erzähle ich es? Wie sage ich es dem Konsumenten? Denn was nützt uns noch die grösste Innovation, wenn ich sie in der Schublade verstecke? Es ist mittlerweile extrem, welcher Informationsflut der Mensch ausgeliefert ist. Genauso gibt es eine Flut von Produkten: Viel zu viele Waren, viel zu viele Anbieter. 1,4 Sekunden braucht ein Konsument, bis er etwas bewusst wahrnimmt. Wie soll ein Konsument mein tolles Produkt unter 1.000 anderen Marken finden, wenn er 1,4 Sekunden braucht, bis er es bewusst wahrnimmt?

> **Was nützt uns noch die grösste Innovation, wenn ich sie in der Schublade verstecke.**

Wenn das stimmt, dann muss ich den Verkaufspunkt so darstellen, dass ich meine Innovationen dem Kunden auch zeige und er sie sieht. Ich glaube, dass die Läden viel weniger Ware am Verkaufspunkt haben werden in Zukunft. Dafür wird es eine Online-Anbindung geben. Beispielsweise wird es eine Jacke in einer bestimmten Ausführung an einer Puppe geben und wenn der Kunde diese Jacke in einer anderen Farbe möchte, dann wird sie online gekauft und entweder zum Geschäft geliefert oder direkt zu dem Kunden nach Hause. Diese „hybriden" Modelle gibt es heute schon vereinzelt und das wird in Zukunft ausgebaut.

VERDRÄNGEN, VERDRÄNGEN, VERDRÄNGEN

Im Textilbereich bewegen wir uns auf einem heiss umkämpften Parkett. Der Markt ist in der letzten Zeit dazu noch stark eingebrochen, aufgrund von Preisangleichungen zu Deutschland und Frankreich sowie aufgrund der vielen Internetkäufe. Uns bleibt leider keine andere Wahl, als andere zu verdrängen. Deshalb müssen meine Key Account Manager pfiffig sein, so wie letztens, als ein Einkaufsleiter an einen meiner Key Account Manager herantrat und ihn um 3% Rabatt bat. Die

> „Natürlich, lieber Kunde, das machen wir. Lassen Sie uns zusammen einen Plan machen."

meisten Vertreter würden sagen: „Ich kann dir nicht mehr Rabatt geben, wenn dann musst du eben mehr einkaufen". Doch dieser Key Account ist ein schlauer Fuchs. Statt sich aufzuregen, sagte er: „Natürlich, lieber Kunde, das machen wir. Lassen Sie uns zusammen einen Plan machen. Warum möchtest Sie 3% mehr?"

Es kamen die üblichen Sachen, Marge, Ziele, Kosten. Mein Key Account Manager zeigte dem Einkaufsleiter auf, dass er in dem Kundensegment fünf verschiedene Marken hatte und empfahl ihm, die beiden schlechtesten wegzuschneiden. Daraufhin entwickelten sie zusammen eine Drei-Marken-Strategie. Der Kunde hatte keine Umsatzeinbussen, weil der Konsument von den vielen Marken sowieso überfordert war. Das Einkaufsvolumen konnte bei den drei übriggebliebenen Marken erhöht werden, was ihn auf eine bessere Konditionsstufe brachte. Der Einkaufsleiter war zufrieden, der Key Account war zufrieden – das ist unternehmerisches Denken.

VOM ALLWISSENDEN VERKÄUFER ZUM ALLWISSENDEN KUNDEN

Dieses Beispiel zeigt, dass der Verkäufer sich in seiner Rolle wandeln muss. Früher hat der Konsument dem Verkäufer alles geglaubt! Der Verkäufer hat etwas verkauft, der Kunde hatte Freude damit und kam wieder. Der moderne Verkäufer braucht nicht mehr unbedingt hohe Kompetenz im Bereich Information, weil der Kunde aufgrund des Internets sowieso mehr weiss als der Verkäufer. Deshalb ist wichtig, dass der Verkäufer eher als Berater auftritt.

Ich sage meinen Mitarbeitern immer wieder, egal ob das der Verkäufer an der Front ist, im Gespräch mit dem Kunden, ob das mein Verkäufer ist, der mit unseren Handelspartnern im Showroom Gespräche führt oder ob das mein Finanzverantwortlicher am Telefon mit dem Kunden ist:

- 1. Geh davon aus, das hier ist deine Firma. Du arbeitest für deine Firma.
- 2. Der Kunde, den du vor dir hast, ist dein einziger Kunde. Es war keiner vorher da und es kommt auch keiner danach.

NIEMALS STEHENBLEIBEN

Wenn man diese beiden Ansichten verinnerlichen kann, macht man sehr viel richtig. Denn heute kann es sein, dass ein Handelspartner nicht mehr zu mir kommt, weil ich ihm beim letzten Mal zu viel verkauft habe oder er kauft nur noch für die Hälfte. Das darf ein Account Manager nicht mehr einfach hinnehmen. Folgendes ist klar und deutlich: Wenn du dich nicht täglich weiterentwickeltest, dann wirst du überrannt. Und wenn du das nicht glaubst, geh in die Züricher Bahnhofsstrasse, lauf sie mal hoch und bleib dann spontan stehen. Dann spürst du, was ich damit meine, überrannt zu werden.

Deswegen braucht ein Verkäufer eine Gewinner-Mentalität. Er darf sich nicht von hohen Zielen abschrecken lassen, sondern muss Wege finden – auch unkonventionelle –, diese zu erreichen. Wenn ein Verkäufer sich als Berater verhält, hat das direkt eine andere Wirkung, denn es geht nicht in erster Linie um den Verkauf, sondern darum, seinen Kunden zum Erfolg zu führen. Denn erst, wenn das passiert, wird der Kunde wieder bei mir kaufen.

> Verkäufer brauchen eine Gewinner-Mentalität.

DIE MODERNE KUNDENANSPRACHE

Natürlich ist auch heute noch der Umgang mit einem Kunden das A und O. Ein Satz, der für mich unter Verkäufern eliminiert gehört, ist: „Darf ich Ihnen was zeigen?" 99% aller Kunden antworten darauf ablehnend – und trotzdem wird er immer wieder verwendet. Heute müssen wir anders mit dem Kunden umgehen. Dafür müssen wir erkennen, dass jeder Mensch anders ist und ihn dementsprechend ansprechen. Das unterscheidet auch heute noch einen guten Verkäufer von einem Top-Verkäufer und macht 20-30% mehr Umsatz aus.

Statt immer dasselbe zu machen, kann sich ein Verkäufer vorstellen, was er braucht, um sich wohlzufühlen. Beispielsweise, wenn er zu Freunden zu Besuch kommt. Er kommt dort an, die Tür wird geöffnet und er wird freundlich begrüsst. Normalerweise fragen wir nicht direkt an der Tür, ob unser Gast etwas trinken möchte – nein – wir lassen ihn zuerst ankommen, wir sprechen miteinander und ähnlich sollte es auf der Verkaufsfläche sein. Ein frühes „Hallo", oder „Grüezi", ist sehr wichtig, um zu signalisieren: „Ich habe dich bemerkt". Dann lasse ich ihn ankommen und beobachte, was er macht. Schlendert er umher? Geht er zielgerichtet auf etwas zu? Nimmt ein Produkt in die Hand? Jemand, der etwas möchte, geht anders in ein Geschäft als jemand, der sich umsehen möchte.

MOTIVATIONSMIX

> **Ich kann vielleicht kurzfristig motivieren, aber langfristig muss sich jeder selbst motivieren.**

Aber auch ein Top-Verkäufer hat mal einen schlechten Tag oder eine schlechte Phase. Als Führungskraft ist es meine Aufgabe, meine Mitarbeiter zu motivieren. Trotzdem sage ich ihnen immer wieder: Ich kann euch vielleicht kurzfristig motivieren, aber langfristig muss sich jeder selbst motivieren. Ich kann eine Plattform bieten, auf der sich die Mitarbeiter täglich dazu antreiben können, ihre Ziele zu erreichen, indem ich ihr Talent, ihre Stärken und Schwächen identifiziere und dahingehend fördere.

Etwa 30% von meinem Handeln und Tun sind Coaching-Gespräche mit meinen Mitarbeitern. Ich frage sie, was ihre Herausforderungen sind, welche Ziele sie haben, was sie erreichen möchten, was sie dafür vorhaben, wo sie meine Unterstützung brauchen, ob sie an bestimmte Sachverhalte gedacht haben. Ich sehe meine Rolle vergleichbar mit der eines Sport-Coaches. Heute spiele ich mit meiner Truppe gegen den FC Zürich, morgen vielleicht gegen Bayern München und übermorgen gegen den FC Basel. Ich habe jeden Tag neue Situationen, neue Spieler, neue Gegner und ich muss mich optimal aufstellen, um dieses Spiel zu gewinnen.

FRONTLINE-LEADERSHIP

Um meine Mannschaft zu motivieren, versuche ich selbst ein Vorbild zu sein. Ich verlange von meinen Mitarbeitenden nichts, was ich nicht selber umsetze. Beispielsweise koordiniere ich an den grossen Verkaufsmessen ebenfalls Termine und bin immer vor Ort und damit da, wo auch meine Verkaufsmannschaft ist: an der Front. Ich stehe jedem von ihnen jederzeit zur Verfügung. Das wird von Kunden wie auch von Mitarbeitern geschätzt.

Zwei Drittel meiner Tätigkeit ist das Führen und Coachen, aber ein Drittel ist Vorausdenken und Handeln, ich öffne Türen, damit meine Mitarbeiter und ich unsere persönlichen wie auch geschäftlichen Ziele erreichen.

KAPITEL 10

RENÉ GONTHIER
Sales Director Neopost AG

WIE MAN LÖSUNGEN VERKAUFT

Briefmarken und Briefumschläge, gefaxte Dokumente, Kopien, Schmierblätter, Notizen, Post-Its – bei allem technischen Fortschritt sind wir noch weit davon entfernt, den Traum des papierlosen Büros zu verwirklichen. Und solange das so ist, begleiten und unterstützen wir bei Neopost unsere Kunden weiterhin in der effektiven und effizienten Verarbeitung Ihrer Kundenkommunikation.

Doch darauf ruhen wir uns nicht aus. Stattdessen sehen wir sehr genau hin, was den Markt derzeit so interessant macht. Das hat dazu geführt, dass wir unseren Kunden mittlerweile nicht nur als reine Verkäufer von Hardware, sondern auch verstärkt als Dienstleister zur Verfügung stehen. Unser Angebot: Der Kunde kann uns seinen gesamten Briefverkehr in elektronischer Form übergeben, und wir drucken die Briefe aus, verpacken sie, adressieren sie, frankieren sie und versenden sie mit dem gewünschten Provider.

Das bedeutet nicht, dass unser bisheriges Angebot in die falsche Richtung geht, im Gegenteil. Aber der Markt ist nicht mehr der gleiche, also erweitern wir uns und verschieben unseren Fokus – wohin wir ihn verschieben, das herauszufinden ist die Kunst. Wir setzen verstärkt auf die Kommunikationskanäle unseres Kunden, damit er wiederum so direkt und unkompliziert wie möglich mit seinen Endkunden in Verbindung treten kann.

> **Der Markt ist nicht mehr der gleiche, also verschiebt sich unser Fokus.**

DIE ERFOLGSSTRATEGIEN DER BIG PLAYER

DIE NEOPOST IST DA

Aber was ist unser Aufgabenbereich? Der Name „Neopost" lässt vermuten, dass wir Postanbietern Konkurrenz machen. Das ist aber nicht der Fall: An uns wendet sich, wer ergänzenden Service einkaufen möchte. Unsere Spezialität ist die Frankiermaschine, die seit Gründung 1924 das Fundament des Unternehmens ist. Mit diesen Geräten lassen sich grosse Mengen an Briefumschlägen automatisch mit einem gestempelten Postwertzeichen versehen. Ein sehr praktisches System und im Grunde verpflichtend für alle Unternehmen, die ein grosses Postaufkommen zu bewältigen haben – es sei denn, man möchte eine eigene Abteilung aufbauen, die nur damit beschäftigt ist, Briefmarken abzulecken.

Eine weitere Stärke sind die Verpackungsmaschinen, die Einzelblätter in einen Umschlag einführen, sodass alles, was aus dem Druck kommt, garantiert beim richtigen Empfänger landet. Auch Systeme zur Dokumentenaufbereitung bieten wir an, die Daten direkt auf Kontoauszüge, Rechnungen, Broschüren und andere Schriftstücke drucken. Die Softwarelösung zum Einsatz, zur Individualisierung und zur Vernetzung all dieser und weiterer Geräte stammen ebenfalls aus unserer Hand

Obgleich wir die Post und andere Logistikunternehmen unterstützen, indem wir Prozesse vereinfachen und effizienter gestalten, sind wir nicht für die Zustellung von Briefen und Paketen zuständig. Postanbieter – insbesondere die Schweizerische Post – wurden erst dann zu Konkurrenten, als sie Aufgaben übernahmen, die bisher in den Zuständigkeitsbereich von Anbietern wie der Neopost gehörten.

Natürlich führte das Aufkommen des E-Mail-Versands dazu, dass die Post heute sehr viel weniger Briefe zu bewältigen hat als noch vor 15 Jahren. Sie muss also auch neue Wege finden, den Umsatz zu stabilisieren. Im Zuge dieser Überlegungen ist sie auf den Kunden zugetreten und hat ihm angeboten, Daten zu übernehmen, zu verarbeiten

> **Hauptanreiz für den Kunden: Er muss sich um nichts kümmern.**

und je nach persönlicher Präferenz als E-Brief oder als traditionelles Schriftstück an den Empfänger weiterzuschicken. Hauptanreiz für den Kunden: Er muss sich um nichts mehr kümmern.

LÖSUNGEN IN JEDER GRÖSSENORDNUNG

Das System ist leicht nachvollziehbar. Wer ein kleines Unternehmen leitet und fünf Briefe am Tag zu verschicken hat, kann das noch von Hand erledigen. Bei grösseren Mengen entsteht bereits ein Arbeitsaufwand, der einkalkuliert werden will – oder bei komplexeren Sendungen, beispielsweise Kundengeschenken, die eine Beilage enthalten. Dann muss man ausrechnen, ob sich die Anschaffung einer Frankier- und Verpackungsmaschine lohnt, die den Briefverkehr automatisch in einen versandfähigen Zustand bringt.

Die Neopost unterstützt beim Aufbereiten von Sendungen. Zu ihren Kunden zählen Städte und Gemeindeverwaltungen, Versicherungen und Banken, kleine, mittlere und grosse Unternehmen – Organisationen, die Lohnauszüge, Einladungen, Rechnungen, Marketingkampagnen, Lieferscheine und andere in Massen auftretende Schriftstücke zu versenden haben.

Unsere Systeme vereinfachen diese Prozesse. Wir haben Verpackungsmaschinen für kleine Drucke, die 1000 bis 2000 Umschläge in der Stunde bewältigen. Die kann man problemlos auf den Schreibtisch stellen. Die grossen Varianten hingegen weisen einen Durchlauf von rund 12.000 Verpackungen in der Stunde auf. Je nach Bedarf kann man weitere Beilagestationen zuschalten, die entsprechend einem Codesystem verschiedene Beilagen in die Umschläge einsortieren. So haben wir für jeden Anbieter die passende Lösung.

EIN POSTEN BEI DER POST

Ich bin noch nicht lange bei der Neopost, habe mich aber relativ früh für den Verkauf erwärmt. Nach einem kaufmännischen Studium war ich erst einmal als Zollbeamter in der Handelswarenabfertigung beschäftigt, habe mich dann weitergebildet und noch ein betriebswirtschaftliches Studium angehängt. Parallel dazu wechselte ich zum Sales Support der Schweizerischen Post AG, in den Logistik-Bereich für Key-Accounts. Nach zwei Jahren wurde die Stelle des Key Account Managers vakant, und da ich bereits mit dem Portfolio vertraut war, habe ich seinen Job übernommen.

Diese Stelle habe ich zwei Jahre lang bekleidet, dann kam es zu einer Reorganisation in der Schweizerischen Post, und ich hatte aufgrund meines Hintergrunds die Gelegenheit, für strategische Kunden als Product Consultant aus dem Logistik-Bereich aufzutreten. Ich kam in ein Team, das damals etwa 28 strategische Kunden aufgebaut hatte – grosse Namen aus der Finanzbranche, zum Beispiel die UBS Group und Credit Suisse, zudem wichtige Schweizer Marken wie Nestlé und Swatch. Unser Strategic Account Executive hatte für die verschiedenen Divisionen der Post einen Spezialisten zur Hand, und der Spezialist für den Logistikbereich war eben ich.

Um Synergien zu erzeugen, unterhielt die Post Komitees für alle möglichen Konzernthemen – Produktmarketing, Verkauf,

Informatik, E-Business – und der Chef des Strategic Account Managements war zugleich Leiter des Verkaufskomitees. Da er mich kannte, fragte er mich, ob ich in sein Team kommen wolle, also wechselte ich intern. Die Schweizerische Post hatte damals noch das Monopol auf den Briefversand, der Rest, etwa Expresssendungen, Finanzen und andere Angebote, war reiner Wettbewerb.

> Die Post hatte das Monopol auf Briefversand, der Rest war Wettbewerb.

Entsprechend gegensätzlich fielen die Einstellungen der Verkaufsleiter aus: Die eine Seite befand sich in Monopolstellung und musste im Grunde gar nicht verkaufen, sondern eher beraten, die andere setzte sich gegen einen starken Wettbewerb zur Wehr. Die Fachkomitees hatten die Aufgabe, diese verschiedenen Interessen zu gruppieren, zu bündeln und daraus die bestmögliche Lösung zu destillieren.

Deswegen hatte sich der damalige Verwaltungsrat entschieden, eine grundlegende Verkaufsstrategie zu erstellen. Aufgrund der Vielzahl relevanter Funktionen, die ich bisher erfüllt hatte – Verkauf, Sales Support, Key Account Management, Product Consulting –, war ich gut für die Projektleitung unserer Verkaufs- und Kundenbindungsstrategien geeignet, wo ich mit der Unterstützung der Konzernleitung sowie des Verkaufsleiters tätig war. In diesen zwei Jahren Praxis habe ich viel mehr über den Verkauf gelernt als in allen Kursen, die ich an der Hochschule absolviert hatte. Das war eine hochspannende Zeit.

DER WECHSEL ZUR VERKAUFSLEITUNG

Nach Abschluss dieser zwei Jahre wollte mich der Chef wieder an der Front sehen, und so wurde ich als Strategic Account Executive für ein Telekommunikationsunternehmen und drei

Grosskunden aus der Medienbranche eingesetzt. Diese habe ich über sechs Jahre in Sachen Outsourcing, Verkauf, Marketing und anderen Themenfeldern betreut und konnte über diesen Weg das gesamte Produkt- und Lösungsportfolio der Schweizerischen Post an sie herantragen.

Einer der Kunden, die ich betreute – der Telekommunikationsanbieter – trat schliesslich auf mich zu und fragte, ob ich fest mit der Post verheiratet wäre oder mir auch vorstellen könnte, für ihn zu arbeiten. Er befand sich in einer Phase der Reorganisation und suchte für eine Region noch den zugehörigen Verkaufsleiter. In dieser Rolle sah er mich und schlug mir vor, mich zu bewerben. Ich nutzte die Gelegenheit zur Reflektion: Bei der Post betreute ich zwar grosse Kunden, war aber einer der Jüngsten und konnte nicht darauf hoffen, in den nächsten Jahren eine Führungsposition einzunehmen. Also habe ich mich beworben, um von einer Stabstelle zur Führung zu kommen und konnte daraufhin für anderthalb Jahre regionaler Verkaufsleiter des Telekommunikationsunternehmens sein.

Die nächste Station meiner Verkaufsreise war schliesslich im Oktober 2012 die Neopost, wo ich als Verkaufsleiter eingestiegen bin. Dort befand ich mich im Grunde wieder in der gleichen Rolle, die ich vor 15 Jahren bei der Post gespielt hatte: Eine Firma im Umbruch, die den Übergang vom Produktverkäufer zum Lösungsanbieter so reibungslos wie möglich gestalten möchte. Weniger Box Moving – im Sinne von Frankier-, Verpackungs- und anderen Maschinen – und mehr Unterstützung im Document Handling, im Projektmanagement, in der Digitalisierung.

EINE NEUE PERSPEKTIVE

Bis zum 31. Januar 2015 lag der Fokus der Neopost noch auf den Produkten, was sich zum Teil auch in unserem alten, roten Logo wiederspiegelt. Da wir uns jedoch stärker auf elektronische und physische Kommunikation sowie Softwarelösungen konzentrieren wollten, haben wir uns im Februar 2015 zu einem Rebranding entschlossen und einen dynamischen, hellgrünen Auftritt entworfen, der auch bei den Kunden gut ankommt. Diese neuen Farben nutzen wir als Chance, um beim Kunden neue Themen anzusprechen. Zum Beispiel könnten wir bei einem Unternehmen, dem wir Maschinen aus unserm klassischen Portfolio verkaufen, auch einen Blick auf das Archivsystem werfen: Besteht es noch aus Aktenschränken und überfüllten Ordnern, ergibt es Sinn, wenn wir ein platzsparendes und effizientes elektronisches Archiv installieren. Auf diese Weise schneiden wir stetig neue Themen an.

> **Im Februar 2015 entschlossen wir uns zu einem Rebranding.**

Ein solcher Prozess braucht natürlich seine Zeit. Zum einen müssen die Kollegen verinnerlichen, dass wir zwar nach wie vor Frankiermaschinen, Kuvertier- und Verpackungssysteme verkaufen, dass aber die Welt, in der wir uns bewegen, völlig anders aussieht. Wir verkaufen Lösungen und müssen dafür noch näher an den Kunden herankommen, denn ansonsten können wir nicht beurteilen, wie ihm weiterzuhelfen ist. Die Kommunikation gestaltet sich einfacher und direkter, und auch in diesem Rahmen müssen die Mitarbeiter umdenken.

Im Grunde ist es logisch: Was ein Verkäufer nicht versteht, kann er schwerlich verkaufen. Daher ist es insbesondere in einem Prozess der Reorganisation, des Neuerfindens so wichtig, dass die Mitarbeiter über neue Strategien, Produkte und Lösungen bestens Bescheid wissen. Nur dann können sie es auch an den Kunden weitergeben und diesem die Zuversicht vermitteln, dass das Unternehmen in der Lage ist, die angepriesenen Lösungen eins zu eins umzusetzen.

KLASSISCHER UND MODERNER VERKAUF

Dieses Prinzip konnte ich schon bei der Post beobachten, als der Schritt vom Brief- und Paketpost-Beförderer zum Serviceanbieter für Dokumentenverwaltung unternommen wurde. Das Unternehmen stand damals vor der Herausforderung, die Kunden davon zu überzeugen, dass sie den ihr in Rohdatenform anvertrauten Schriftverkehr in einem ansprechenden Design gestalten, ausdrucken und an die Empfänger versenden dürfen. Oder Marketingkampagnen kreieren, mit denen sich die Response drastisch erhöhen lässt. Für all das war die Post zu diesem Zeitpunkt nicht bekannt. Dass sie Briefe verschicken konnte, hat man ihr wohl abgenommen, alles andere bedurfte jedoch Überzeugungsarbeit.

Inzwischen wissen die Kunden, dass die Post dazu fähig ist, und sie wird im Rahmen dieser Leistungen ernstgenommen. Dieses Ziel hat sich auch die Neopost gesetzt. Deshalb ist es so wichtig, dass ich meinen Teammitgliedern vermittle, dass die Zukunft des Unternehmens nicht nur in Frankiermaschinen liegt, sondern auch in unseren Lösungen. Traditionell haben Verkäufer ja eher Produkte im Blick – Dinge mit eindeutigen Abmessungen, Einsatzbereichen und Features.

> Traditionell haben Verkäufer eher Produkte im Blick.

So können wir uns aber vom Wettbewerb differenzieren. Wir bieten dem Kunden an, ihn mit Frankiermaschinen auszustatten, und helfen ihm an zahllosen anderen Stellen aus, wenn wir bereits als Partner etabliert sind. Und am Schluss, wenn

Produkt- und Serviceleistungen organisch gewachsen und miteinander verknüpft sind, erhält der Kund alles aus einer Hand. Das muss die generelle Stossrichtung sein. Sicher wird es noch einige Zeit dauern, bis alle Mitarbeiter auf diese Schiene umgelenkt und den neuen Kurs so weit verinnerlicht haben, dass sie ihn auch angemessen kommunizieren können. Die einen können es noch nicht – die müssen wir anleiten. Andere wollen es möglicherweise nicht, da gilt es dann andere, schwerere Entscheidungen zu treffen. Grundsätzlich haben wir aber das Glück, viele flexible und begeisterte Mitarbeiter zu haben, die durchaus bereit sind, Neues mit uns zu wagen

THE SALE MUST GO ON

Verkäufer war nicht meine erste Berufswahl – ursprünglich wollte ich Schauspieler werden. Zum Glück gibt es Parallelen zwischen beiden Berufen. Sowohl Schauspieler als auch Verkäufer müssen voll und ganz hinter dem stehen, was sie der Umwelt anzubieten haben. Ein Schauspieler, der sich nicht mit seiner Rolle identifiziert, seine Motivation nicht versteht und kein Interesse an der Leidensgeschichte des Charakters hat, wird diesen niemals auf glaubwürdige und fesselnde Weise verkörpern. Mit dem Verkauf ist es ebenso.

Sicherlich gibt es spannendere Dinge als eine Frankiermaschine. Interessant wird es jedoch in dem Moment, wo man die Veränderungen auf dem Markt beobachten und Lösungen voraussahnen kann, von denen die Frankiermaschine ein kleiner Bestandteil ist. Vielleicht gibt es auf dem Markt der Zukunft überhaupt keine Postwertzeichen mehr. Dann muss ich meinem Kunden eine Lösung anbieten, die hybride eingesetzt werden kann – die also un-

> **Letzten Endes muss ich den Kunden überzeugen, dass ich ihm helfen kann.**

ter veränderten Umständen zuverlässig die gleiche Leistung erbringt. Wo kann ich ihm einen Mehrwert, wo Einsparpotenzial aufzeigen? Letzten Endes muss ich eines leisten: Den Kunden davon überzeugen, dass ich ihm helfen kann.

Das hat viel mit Psychologie zu tun, gerade im B2B-Bereich: Der Privatkunde tickt doch eine Spur anders als der Business-Kunde. Aber auch in grossen Unternehmen ist es stets ein Mensch, den ich überzeugen muss, und der hat bestimmte Bedürfnisse und Ziele. Vielleicht seine eigenen, vielleicht die seines Vorgesetzten. Wie gehe ich so auf ihn zu, dass er meinen Vorschlag als Lösung seiner Probleme anerkennt und mit mir ins Geschäft kommt? Das ist ein Spiel, das man nur gewinnen kann, indem man viel zuhört. Ich sage meinen Verkäufern immer: „Wer euch gebaut hat, hat euch zwei Ohren, zwei Hände, zwei Nasenlöcher und zwei Augen mitgegeben – aber nur einen Mund. Also hört zu, schaut zu, tastet euch vor, schnuppert, was auch immer, aber sprecht so wenig wie möglich."

Befinde ich mich in einer Verkaufssituation, nutze ich die wenigen Worte, die ich mache, um Fragen zu stellen. Ich analysiere, beobachte, schaue mich um. Vielleicht führt mich der Kunde ja auch durch den Betrieb, dann kann ich aus erster Hand überprüfen, welche Geräte bereits im Haus eingesetzt werden, welche Lösungen veraltet sind und wo dringender Nachholbedarf besteht. Und im Büro sehe ich vielleicht ein Foto, dass der Kunde im letzten Urlaub mit seiner Familie geschossen hat, oder bei einer besonderen Veranstaltung. Dann habe ich gleich einen persönlichen Anknüpfungspunkt, über den ich ihn erreichen kann: „Ach, Sie waren auch auf XYZ?" Jede Frage sollte darauf abzielen, mehr über den Kunden in Erfahrung zu bringen, um die zentrale Frage zu beantworten: Was ist ihm wichtig?

EIN TEIL DES GROSSEN GANZEN

Leider hat man bei dem Stichwort „Verkaufen" immer noch den schmierigen Vertreter vor Augen, der an der Haustür aufkreuzt und Staubsauger oder Lebensversicherungen loswerden will. In Wahrheit sind die spannenden Aspekte dieses Berufs jedoch diejenigen, die augenscheinlich gar nichts mit Verkaufen zu tun haben: Die Analysen, die Gespräche, das Zuhören – die Bemühungen, den Kunden so an die Hand zu nehmen, dass er hinterher ebenso fest hinter der Lösung steht wie man selbst.

Am Schluss kauft der Kunde nicht meine Lösung, sondern seine. Der Weg, der zu diesem Punkt führt, hat weniger mit Verkaufen und viel mehr mit Übersetzen zu tun: Ich übertrage die einzelnen Aspekte und den Nutzen der Lösung in die Sprache, die Erfahrungswelt des Kunden. Ich bin aber nicht nur Übersetzer, sondern auch Wegweiser: Ich leite den Kunden an, den Weg zur Lösung selber zu gehen. Und wenn er sie aus eigener Kraft findet und erkennt, dann steht er auch mit vollem Einsatz dahinter, und der eigentliche Verkauf ist im Grunde genommen nur noch der formelle Abschluss eines viel interessanteren Vorgangs.

> **Am Schluss kauft der Kunde nicht meine Lösung, sondern seine.**

Dieser Aspekt des Verkaufens fasziniert mich. Leider habe ich nur selten die Gelegenheit, aktiv bei Kunden aufzutreten. Ich betreue permanent zwei, drei Unternehmen: Eines ist die Schweizerische Post, die ich sehr gut kenne, weil ich dort lange gearbeitet habe – ich kann gut einschätzen, welche Lösungen dort nachhaltige Verbesserungen mit sich bringen, weil ich mich jahrelang in der gleichen Situation befunden habe wie meine Ansprechpartner.

BEGLEITETER VERKAUF

Ansonsten begleite ich die Verkäufer meines Teams ein- oder zweimal pro Woche zu den Kunden. Diese Gespräche müssen sich nicht unbedingt um Verkauf drehen, da können die unterschiedlichsten Themen zur Sprache kommen. Möglicherweise bin ich der Überbringer einer schlechten Nachricht: Der Kunde bekommt keinen zusätzlichen Rabatt. Stand der Verkäufer mit dem Kunden bisher in gutem Einvernehmen, könnte es sein, dass eine solche Botschaft aus seinem Mund die Beziehung empfindlich stört. Dann ist es besser, ich mache das dem Kunden klar, dann steht er vielleicht nicht mehr mit mir in Harmonie, aber noch immer mit dem Verkäufer.

Im Zuge eines solchen begleiteten Kundenbesuchs kann ich dem Verkäufer zudem bewusstmachen, wo er noch ein wenig an seiner Strategie feilen sollte. Zugleich bin ich aber auch offen für Feedback bezüglich meiner eigenen Methoden. In der Regel hat jeder das Gefühl, genau seine Herangehensweise sei das Nonplusultra und die Strategien der anderen bräuchten Arbeit. Aber man hat eben nie ausgelernt, und dass ich die Verantwortung für den Verkauf des Unternehmens trage, heisst gewiss nicht, dass ausgerechnet ich frei von Fehlern bin. Sind wir bei Kunden, halte ich also meine Verkäufer auch an, mir offene und ehrliche Rückmeldung zu geben. Am besten geht man nach dem Besuch einen Kaffee trinken, entspannt sich und reflektiert über das soeben stattgefundene Gespräch. In der Regel profitieren beide Seiten von so einer Atmosphäre offener Kritik.

> **Jeder hat das Gefühl, seine Herangehensweise sei das Nonplusultra.**

Das klappt natürlich nicht auf Anhieb. Gerade von neuen Kollegen kann man kaum erwarten, dass sie schon nach dem ersten Gespräch bereit sind, dem eigenen Vorgesetzten saftige

Kritik zu servieren. Möglicherweise stammen diese Menschen aus Berufen, in denen so etwas weder möglich noch denkbar war. Das stellt sich mit der Zeit jedoch ein. Nach zwei, drei Besuchen kommt vielleicht die erste zögerliche Rückmeldung: „Ja, ich finde, an der einen Stelle hätte man noch …" Und wenn man das Gesagte nicht abschmettert, sondern sich zu Herzen nimmt und generell offen reagiert, dann wird man sich auch in Zukunft nicht über einen Mangel an Feedback beklagen müssen.

Das funktioniert in beide Richtungen. Hat man einem Untergebenen erst einmal klargemacht, dass man Kritik durchaus zu schätzen weiss, wenn sie ehrlich und begründbar ist, dann ist ein Lob aus dem Munde des gleichen Menschen umso mehr wert. Das gilt auch für mich als Vorgesetzten: Ich habe eine Politik aus der offenen Rückmeldung gemacht, also wissen meine Verkäufer, dass positive Resonanz von meiner Seite keine sinnentleerte Lobhudelei ist, sondern Hand und Fuss hat.

WER NICHT FRAGT …

Das Gespräch nach dem Kundengespräch hilft auch, einen Einblick in die Methodik des Kollegen zu bekommen. Zum Beispiel könnte mich mein Verkäufer fragen:

„Warum hast du dich denn bei dem Kunden danach erkundigt, wie er seine Briefe öffnet? Das kam mir seltsam vor."
„Weil ich gesehen hatte, dass seine Angestellten ein Messer nehmen, um Briefumschläge zu öffnen – und das bei der Flut an Post, die sich da auf den Schreibtischen ausbreitete. Wir haben aber einen automatischen Brieföffner, der 40.000 Exemplare die Stunde schafft. So ein Gerät wäre da doch genau am richtigen Platz."

„Und das merkst du dann beim nächsten Besuch an?"
„Oder du."

So öffnet man gerade bei jüngeren, noch nicht ganz so erfahrenen Verkäufern den Blick für die kleinen Details, die das Wesentliche ausmachen. Hat man den Eindruck, dass man bei dem eigentlichen Ansprechpartner in der Firma nicht weiterkommt, kann man sich auch zum Finanzchef weitervermitteln lassen oder zum Personalchef. Von je mehr Blickwinkeln man ein Unternehmen kennenlernt, desto vollständiger ist das Bild, das man zeichnet – und desto überzeugender die Lösung.

> **So öffnet man bei jüngeren Verkäufern den Blick fürs Detail.**

Prinzipiell spielt es natürlich keine Rolle, ob man über B2B- oder B2C-Kunden spricht. Es gibt nur einen Unterschied: Im B2B kann es sowohl der Verkäufer als auch der Kunde sein, der in dem Bestreben, eine Geschäftsbeziehung zu knüpfen, auf den jeweils anderen zutritt. Im B2C sucht man den Kunden jedoch nicht auf (mal abgesehen von den Bemühungen des Marketings), sondern ist darauf angewiesen, dass dieser den Weg ins Geschäft von alleine findet. Um so wichtiger ist es, dass man ihn nicht gleich wieder durch ein allzu aggressives Auftreten verjagt.

WIE BEGEGNE ICH DEM KUNDEN?

Macht sich ein Mensch schon die Mühe, über die Schwelle meines Geschäfts zu treten, dann gibt es zwei Möglichkeiten: Entweder es regnet draussen, und er möchte einfach nur ein paar Minuten im Trockenen verbringen, oder er ist tatsächlich an einem meiner Produkte interessiert. Also höre ich zu und finde nicht nur heraus, welcher Artikel es ihm angetan hat, sondern auch, warum. Welches Problem möchte er damit lösen? In der Regel hat der Kunde ohnehin ein gewisses Redebedürfnis, weil er sich hinsichtlich des Kaufes noch nicht hundertprozentig sicher ist und alle Optionen gründlich durchleuchten will.

Angenommen, ich begebe mich in ein Geschäft, schaue mich ein Weilchen um und nach einer Weile tritt ein Verkäufer auf mich zu und fragt, ob er mir helfen kann. Er sagt es vielleicht nicht in Worten, aber Körpersprache und Tonfall bringen deutlich zum Ausdruck, dass er von seinem Chef den Befehl bekommen hat, mich zu fragen. Also erkundige ich mich: „Haben Sie dieses Teil in einer anderen Farbe?" und bekomme die Antwort: „Nee, nur das, was hier hängt." Na schön. Das Geschäft ist als reiner Produktlieferant aufgetreten und konnte diese Funktion nicht erfüllen. Meine persönliche Bindung? Null Prozent.

Tritt der Verkäufer jedoch auf mich zu und erkundigt sich auf eine Art und Weise nach meinen Wünschen, die Empathie und den ernstgemeinten Versuch, mir zu helfen, erkennen lässt, sieht die Sache schon anders aus. Ich frage nach einer anderen Farbe, und der Verkäufer antwortet: „Ja, das könnte sein. Ich schaue mal im Lager nach." Nach einer halben Minute kommt er wieder und teilt mir mit, dass der Artikel leider nicht erhältlich ist, aber bestellt werden kann. Das Ergebnis ist das gleiche – ich verlasse das Gebäude ohne die gesuchte Ware –, aber meine Einstellung dem Geschäft gegenüber ist eine gänzlich andere: Ich habe den Eindruck, dass man sich um mich bemüht hat. Vielleicht ist der Verkäufer ja auch nur ins Lager gegangen, hat bis zehn gezählt und ist wieder zurückgekommen. Dennoch habe ich das Gefühl, ernstgenommen zu werden. Ich bin ihm etwas wert, und das bleibt mir im Gedächtnis.

> **Meine Einstellung dem Geschäft gegenüber ist eine gänzlich andere.**

ZUHÖREN, NACHDENKEN, REFLEKTIEREN

Ich habe einen Kollegen, der schon damals bei uns in der Post Verkaufsseminare gegeben hat, in meinem neuen Team wieder ins Boot geholt. Er hat letztes Jahr ein Training mit uns durchgeführt: Wie trete ich beim Kunden auf, wie führe ich das Gespräch, wie lege ich die Gewichtung auf bestimmte Punkte, wie analysiere ich den Inhalt, wie hole ich mehr Informationen aus dem Kunden heraus? Wenn man weiss, wie sich Gespräche entwickeln, entdeckt man irgendwann einen roten Faden. Also muss ich dem Kunden eine Geschichte erzählen, die diesen Faden aufgreift, und er muss sich in der Handlung wiederfinden – wenn möglich, als Hauptfigur.

Halten wir fest: Der Verkäufer der Zukunft hat zwei Augen, zwei Ohren, zwei Hände. Er muss – weitaus mehr noch als früher – eine gute Menschenkenntnis und sensible Sinne mitbringen, weil ihm das Internet praktisch überall Konkurrenz macht: Im Verkauf, aber auch bei der Informationsbeschaffung. Er kann dem Kunden also nicht ausschliesslich in einer dieser Rollen begegnen, sondern muss beides mit seiner Funktion als Lösungsanbieter, als Partner verknüpfen. Persönliche Beratung findet man im Internet auch heutzutage nur selten. Kritik schon etwas häufiger, aber das wenigste davon ist konstruktiv.

Im Kontakt mit dem Kunden kann man sich also vor allem durch Zuhören und Präsenz differenzieren. Wenn der Kunde irgendwann aus eigenem Antrieb anruft und fragt: „Du, ich habe da in diesem Bereich ein Problem, du kennst dich doch aus, kannst du mir helfen?", dann hat man sein Ziel erreicht. Man ist ein guter Freund des Kunden geworden, ein zuverlässiger Helfer, der im Falle eines Falles mit Sachverstand und Einfallsreichtum anpacken kann. Das Penetrante eines Staubsaugerverkäufers, der stur eine Klingel nach der anderen ausprobiert, ist da völlig fehl am Platz. Ich muss als Verkäufer keine Checkliste abarbeiten, sondern meinem Kunden mit Empathie und emotionaler Intelligenz begegnen.

Wer nur auf die Vorteile sieht und keinen Seitenblick für die Bedürfnisse des Kunden hat, wird über kurz oder lang anecken. Ein Abnehmer, der 100.000 Melonen will, wird sich nicht mit 100.000 Tomaten zufriedengeben, selbst wenn sie günstiger sind und weniger Lagerfläche beanspruchen. Das ist ein Fehler, der sich von vornherein vermeiden lässt, indem man einfach zuhört.

VERKAUFEN IST MENSCHENSACHE

Nicht vergessen: Am Ende sind es immer Menschen, mit denen man sich einig werden muss. Das bedeutet, dass man einerseits die inhärenten Mechanismen der Branche kennen muss, in der man sich bewegt, da man ansonsten überhaupt nicht richtig mit den Menschen umgehen kann. Es bedeutet aber auch, dass man damit rechnen muss, mit manchen Gesprächspartnern auf keinen grünen Zweig zu kommen – ganz einfach, weil die Chemie nicht stimmt. Das ist etwas, was man weder dem Verkäufer noch dem Kunden anlasten kann. Die einzige Möglichkeit, richtig mit so einer Situation umzugehen, ist die Auswahl eines neuen Verkäufers, der die Gespräche mit dem Kunden weiterführt.

> **Am Ende muss man sich immer mit Menschen einig werden.**

Man kann als Verkäufer nicht erwarten, allen zu gefallen. Letzten Endes geht es um den Erfolg des Unternehmens, und daher darf ich mir als Verkaufsleiter nicht zu fein sein, ein anderes Mitglied meines Teams zum Kunden zu schicken. Herrscht eine Atmosphäre offener und ehrlicher Kritik vor, sollte ich auch in der Lage sein, meinem Verkäufer klarzumachen, dass es nicht seine Schuld ist. So besteht auch nicht die Gefahr, dass es böses Blut gibt oder der Verkäufer neidisch auf seinen Nachfolger ist.

IT'S SHOWBUSINESS

Will man neue Methoden und Strategien lernen, kann man Verkaufsseminare besuchen, und sicherlich gibt es da auch viel zu lernen. Was man jedoch als Verkäufer auch nie vergessen darf, ist, dass man diese Methoden und Strategien in seine eigene Sprache übersetzen muss, um authentisch zu wirken. Rattere ich das Gelernte einfach nur herunter wie ein Roboter, verschrecke ich den Kunden nachhaltig.

Da sind wir wieder bei den Parallelen zum Schauspieler. Bete ich meinen Text herunter, als würde mich nichts mit dem Inhalt verbinden, spreche ich das Publikum nicht an, bleibe niemandem im Gedächtnis, bin bestenfalls austauschbar und schlimmstenfalls ein Musterbeispiel für grobe Unhöflichkeit.

Stehe ich jedoch hinter meinen Worten, schwärme für die Lösungen, die ich mit dem Kunden ausmale, lasse durchscheinen, dass ich ihn wirklich verstanden habe …

… dann verkaufe ich nicht nur heute, sondern auch morgen und übermorgen.

KAPITEL 11

ARMIN BAUMANN
Geschäftsführer sowie Initiator der Plattform KMU SWISS

DER MENSCH IST VON NATUR AUS GUT

Wenn mich etwas ärgert, habe ich genau zwei Möglichkeiten:

1. ich kann mich immer wieder darüber ärgern
2. ich kann etwas unternehmen

Mich hat lange Zeit geärgert, dass das KMU-Segment wenig Beachtung bekam. Immer wieder, wenn ich im Rahmen meiner Beratungstätigkeit mit Telekom-Operatoren ins Gespräch gekommen bin und sie darauf aufmerksam gemacht habe, sagten sie: „Das ist für uns kein interessantes Segment". Während meiner Tätigkeit als Marketingdozent der privaten Hochschule Wirtschaft Bern hatte ich die Möglichkeit, Studenten dazu zu ermutigen, Studien zu diesem Thema anzufertigen. Und siehe da: KMUs waren und sind auch heute noch ein interessantes Verkaufssegment. Um die richtigen Menschen zusammenzubringen, habe ich das KMU SWISS Forum im Jahr 2003 initiiert und etabliert.

Dadurch sowie durch meine berufliche Laufbahn habe ich viele Menschen kennengelernt, so komme ich heute auf ein persönliches Netzwerk von über 5.000 namhaften Personen aus der Schweizer Wirtschaft, mit zwei Dritteln bin ich per Du. Das eröffnet schnell gewisse Wege. Deshalb werden meine Dienste heute benötigt, um mein Netzwerk in bestimmte Verhandlungen einzubringen.

AUS VERTRAUEN GESTRICKTES NETZWERK

Warum ist ein grosses Netzwerk von Vorteil? Nach Erfahrungswert, aber auch durch Studien belegt, sind 90% aller Geschäftsbeziehungen B2B. Ganze 80% vergeben Aufträge über Vertrauen. Das heisst, wenn ich das richtige Produkt / die richtige Dienstleistung habe und dazu noch Vertrauen, dann schliesse ich mit grosser Wahrscheinlichkeit bei drei von vier Kontakten ab.

> Ganze 80% vergeben Aufträge über Vertrauen.

Das heisst für Verkäufer: Sie brauchen ein breit abgestütztes Netzwerk. Wie geht das? Verkäufer – wie auch die Führungscrew – müssen das Gesicht ihrer Firma sein. Firmen bestehen aus Personen im B2B und nicht aus Marken oder Logos. Das bedeutet, es gilt den persönlichen Kontakt zu pflegen. Es ist nicht unüblich, dass vom Erstkontakt bis zum tatsächlichen Kauf 12 bis sogar 36 Monate ins Land gehen. Wenn es gelingt, Vertrauen aufzubauen, wirkt das wie ein Brandbeschleuniger in diesem Prozess.

Ein Kollege aus der IT-Branche hat jetzt eben ein Grossprojekt verloren, obwohl die Preise ebenbürtig waren. Warum? Weil er den persönlichen Kontakt nicht hatte. Beim B2B muss die Richtung ganz klar sein: Vertrauen aufbauen, netzwerken, unterstützen. Ein Verkäufer muss mich unterstützen, beraten und dann zum Abschluss kommen. Man muss sich Erfolg erarbeiten. Erarbeiten heisst investieren.

> Man muss sich Erfolg erarbeiten. Erarbeiten heisst investieren.

Und wenn ich investiere, sprich: Einladungen wahrnehme, bestehende Kunden mitnehme und diese mit potenziellen Kunden zusammenführe, dann helfe ich ihnen dabei, dass sie selbst wieder Kunden gewinnen können. Und dies ist sehr nachhaltig in der Beziehung zum Kunden.

VON NATUR AUS GUT

Es gibt häufig Situationen, bei denen jemand ein Netzwerk benötigt und mich dann anruft. Ich helfe dann und irgendwann kommt es zurück. Und wenn ich sehe, dass jemand nur Hilfe möchte, aber nicht bereit ist, etwas zurückzugeben, dann ärgere ich mich nicht darüber – die fallen früher oder später durch mein Sieb. Ein Mensch muss mir erst beweisen, dass er schlecht ist. Der Mensch ist von Natur aus gut und er wird mir helfen, wenn ich ihm geholfen habe. Klar gibt es ab und zu wieder jemanden, der mir das Gegenteil beweist – aber dies sind Ausnahmen. Dieses positive Menschenbild braucht jeder Verkäufer.

> **Ein Mensch muss mir erst beweisen, dass er schlecht ist.**

Sicherlich haben Sie im Restaurant schon mal die Frage gehört: „Hat es Ihnen geschmeckt?" Nehmen wir jetzt mal an, Sie sind der Inhaber dieses Restaurants. Was machen Sie, wenn ein Gast Ihnen auf diese Frage antwortet: „Ich muss leider sagen, nein, mein Steak war durch statt medium und dazu noch ziemlich zäh."

a.) Sie entschuldigen sich aufrichtig bei dem Gast und offerieren ihm, dass er einen Kaffee, einen Cognac oder bei seinem nächsten Besuch ein Essen aufs Haus bekommt.
b.) Sie entschuldigen sich, denken sich aber, dass der Gast nur etwas kostenlos haben möchte.
c.) Sie entschuldigen sich, denken aber, dass das gar nicht sein kann, weil Ihr Koch hervorragende Steaks macht und Sie eh der beste sind.

Wenn Sie ein guter Verkäufer sind, dann ist es selbstverständlich, dass Ihre Wahl auf a.) fällt. Warum? Ein guter Verkäufer sucht stets nach Lösungen für seinen Kunden. Und wenn er einen Fehler gemacht hat, räumt er das ein und sieht darin immer die Chance, zu zeigen, dass er es besser kann. Aber nicht nur das: Er möchte seinen Kunden glücklich machen. Und dafür muss er geben.

Als Naturwissenschaftler leite ich von der Natur und Physik ab: Man muss säen, damit man etwas ernten kann. Nur erhalten kann ich nicht, denn ohne Aktion gibt es keine Reaktion. Wie ich jemanden behandle, so behandelt er mich und umgekehrt. Das lernt man nicht in der Schule, für mich ist das ein Zeichen für eine gute Kinderstube. Wenn sich die Menschen so behandeln würden, wie sie es sich für sich selbst wünschen, wäre die Welt eine bessere.

> **Man muss säen, damit man etwas ernten kann.**

BLOSS NICHT ÜBER DEN PREIS VERHANDELN!

Es bringt keinem Verkäufer etwas, über den Preis zu verkaufen. Wie oft habe ich Verkäufer sagen hören: „Na ja, wir sind halt zu teuer" – mit dieser Einstellung kann ich nichts verkaufen. Ich dagegen habe stets zu meinen Kunden gesagt: „Ich kann Ihnen keinen Preisnachlass geben. Das Produkt hat eine gewisse Qualität und die hat ihren Preis. Wenn Sie sich für ein anderes Produkt entscheiden, das zwar alles verspricht und wenig einhält, allein, weil es günstiger ist – dann ist das so. Falls Sie sich aber umentscheiden, haben Sie hier meine Kontaktdaten."

> **Es bringt keinem Verkäufer etwas, über den Preis zu verkaufen.**

So habe ich übrigens beim Start meiner Selbstständigkeit mein erstes grosses Projekt verloren. Die Firma hatte sich damals dafür entschieden, eine deutsche Firma einzusetzen, um auf dem Schweizer Markt ein strategisches Marketing aufzubauen.

Klar hat es mich geärgert, aber ich habe mich dann bedankt, dass ich beim Pitch mitmachen durfte, und habe gesagt: „Wenn es nicht klappt, können Sie mich jederzeit anrufen. Wenn ich Zeit habe, springe ich sehr gerne ein." Das ist dann zwei Monate später erfolgt.

Vielleicht wird ein Verkäufer am Anfang Nachteile haben, wenn er keine Preisnachlässe gibt. Aber nach und nach wird sich herumsprechen, dass er für das steht was er sagt, dass er ehrlich, offen und konsequent ist und dass er das, was er sagt, auch einhält. Deshalb ist es so wichtig, Produkte/Dienstleistungen zu verkaufen, für die man einstehen kann.

> **Deshalb ist es so wichtig, Produkte/Dienstleistungen zu verkaufen, für die man einstehen kann.**

SICH SELBST TREU BLEIBEN

Ich wurde vor Jahren, als ich noch Angestellter war, mal angefragt, ob ich europaweit für eine Motorenölfirma den Verkauf leiten würde. Ich habe reichlich überlegt und mich dagegen entschieden. Mir wurden 3.000 CHF mehr Lohn geboten, plus Bonus. Aber ich wollte trotzdem nicht. Mein Ziel ist nie das Geld, deshalb war das Gehalt auch nicht mein Problem. Es war das Produkt. Ich bin Ingenieur für Nachrichtentechnik. Ich kann mir nicht vorstellen, ein Öl zu verkaufen und nur noch über Viskosität zu sprechen. Ich verkaufte zu der Zeit Grosssysteme in Millionenbeträgen, die sehr beratungsintensiv sind und eine Freundschaft zwischen dem Kunden und mir erforderten – und ganz ehrlich, das mache ich lieber.

Viele Verkäufer sind da „flexibler". Auf IT-Veranstaltungen treffe ich immer wieder dieselben Leute mit dem Unterschied: Sie stecken mir jedes Jahr eine andere Visitenkarte in die Hand.

> Es ist immer wichtig, sich als Gesicht der Firma zu verkaufen.

Es ist nicht gerade glaubwürdig, wenn ein Verkäufer mir in einem Jahr erzählt: „Das System von Anbieter A hat bei dem und dem Test gewonnen, deshalb sind wir die besten", und ein Jahr später kommt er mit Anbieter B an und sagt: „Wir sind die besten und Anbieter A können Sie vergessen". Es ist immer wichtig, sich als Gesicht der Firma zu verkaufen. Ein guter Verkäufer braucht deshalb eine gewisse Produkttreue und Produktidentifikation – er muss hinter der Firma und deren Produkten stehen können.

Denn nur dann können Verkäufer ihre Kunden auch von ihrem Produkt begeistern. Nehmen wir mal das Beispiel Elektrofahrrad. Der Kunde sagt: „Brauche ich nicht, ist viel zu teuer, die Batterielaufzeit ist zu kurz und ich glaub auch nicht, dass mir das Spass macht." Wenn ein Verkäufer sein Produkt liebt, ist er davon überzeugt und er kennt es in- und auswendig. Jetzt könnte der Verkäufer hingehen und versuchen, den Kunden mit Argumenten vom Gegenteil zu überzeugen und eben weil er das Produkt so fantastisch kennt, könnte er damit Stunden verbringen und den Kunden verschrecken. Stattdessen könnte er aber auch sagen: „Wissen Sie was? Nehmen Sie mein Fahrrad, testen Sie es eine Woche und dann kommen Sie wieder. Ich frage Sie dann danach, was Sie nicht gut fanden und aus welchem Grund sie es nicht kaufen wollen." Dasselbe habe ich mit den Telekom-Systemen gemacht, die ich verkauft habe. Am Ende haben alle bestellt und dies, obwohl wir teurer waren.

VERKÄUFER BRAUCHEN FREIRAUM

Viele Verkäufer erfahren heftigen Druck von ihren Firmen. Man merkt diesen Verkäufern an, dass sie ein bestimmtes Budget erreichen müssen – das macht sie nicht erfolgreicher.

Das ist meiner Meinung nach der falsche Ansatz. Ich würde dem Verkäufer sagen: Das sind deine Ziele, das ist dein Umsatzbudget, das ist dein Ausgabebudget und jetzt lauf'! Damit Verkäufer erfolgreich sind, muss man ihnen auch etwas zutrauen, anvertrauen und ihnen den Rücken stärken, damit sie autonom auf ihr Bauchgefühl vertrauen können. Nur dann sind sie mutig, selbstbewusst und erfolgreich.

Dieses Bewusstsein ist aber auch bei vielen Verkäufern noch gar nicht angekommen. Das sehe ich bei meinen Netzwerkveranstaltungen. Die Unternehmen melden ihre Aussendienstmitarbeiter dazu an, damit diese mit bestehenden und potenziellen Kunden Kontakte aufbauen und pflegen. Aber wenn das Wetter schön ist, kommen zwei Drittel dieser Aussendienstmitarbeiter nicht, weil es viel schöner ist, im Warmen im Biergarten zu sitzen, Bier zu trinken und vor sich hin zu reden, statt auf der Veranstaltung das Gesicht der Firma zu repräsentieren und Vertrauen aufzubauen.

Ich habe nichts dagegen, wenn ein Verkäufer vielleicht schon früher als erwartet sein Verkaufsziel erreicht hat – aber auch dann würde mir bei demjenigen die richtige Einstellung fehlen. Schliesslich wäre es ja auch möglich, über das Ziel hinaus zu verkaufen und nicht einfach den Stift fallen zu lassen, wenn man das Minimum erreicht hat. Da würde ich mich schon fragen, ob das der richtige Verkäufer für mich ist.

GELD IST NICHT ALLES

Viele Menschen – speziell im Verkauf – sind monetär und statusgetrieben. Für mich ist Geld das Resultat meiner Arbeit. Also mache ich gute Arbeit und bekomme dafür einen

> **Für mich ist Geld das Resultat meiner Arbeit.**

guten Lohn. Geld ist vergänglich, ich kann es nicht mitnehmen, wenn ich den Schirm zuzurre. Aber viele vertreten die Meinung, es sei das Wichtigste, einen Audi A8 zu fahren, statt vielleicht einen Hyundai i40 – gleiche Grösse, dreifacher Preis. Und ganz ehrlich: das ist nicht wichtig. Wichtig ist: Ich muss gute Arbeit machen, um den Vertrag zu ordnen, den Auftrag zu bekommen und das Produkt zu liefern. Das Resultat davon wird am Ende sein, dass ich mein Geld bekomme. Und vielleicht ist es viel, vielleicht ist es weniger viel – das spielt doch keine Rolle! Wir brauchen doch nur so viel, wie wir mit unseren Familien zum Leben benötigen.

Ein Verkäufer muss auch nicht im Mittelpunkt stehen. Das Schönste wäre doch, wenn ein Verkäufer Menschen zusammenbringt, ihnen problemlösende Produkte und Dienstleistungen verkauft und damit etwas bewegen kann. Aber am Ende zählt der grosse Zusammenhang, den muss ein Verkäufer ziehen können. Er muss schon morgens überlegen, was sein Ziel ist und sich dementsprechend verhalten. Er muss sich für einen wichtigen Termin herausputzen, genauso wie wenn er eine Frau von sich begeistern möchte. Dann kann er auch nicht annehmen, dass sie ihn mit offenen Armen empfängt, wenn er Knoblauch gegessen hat. Stattdessen zieht er was Adrettes an, legt Parfüm auf und verkauft sich, so gut er kann.

Der Aufwand muss immer zum Ziel passen. Wenn ich einen Termin mit einem IT-Leiter habe, kann ich leger kommen – so kann ich aber nicht bei der Bank auftauchen. Sogar privat kann ich ja nicht erwarten, dass ich einen Kredit bekomme, wenn ich in verlausten Jeans und abgelatschten Schuhen daher komme.

STUDIUM HIN ODER HER

Ein Studium bereitet einen nicht darauf vor, was man im Verkauf können muss. Im Studium lernt man vieles, was man in der Praxis dann ganz anders macht. Im Studium wird häufig konventionelles Denken gelernt. Im Verkauf jedoch, wenn ich ein grosses Projekt an Land ziehen möchte, ist unkonventionelles Denken gefragt, nicht eine stupide Abfolge von Schritt eins, Schritt zwei, Schritt drei – so bekommt man den Auftrag nicht. Er muss eher ein Naturell mitbringen, das kann man nicht studieren.

> Er muss eher ein Naturell mitbringen, das kann man nicht studieren.

Viele wollen nur studieren, um Hierarchiestufen zu erklimmen und am Ende wieder viel mehr Geld zu verdienen. Dabei sollten die Menschen lieber studieren, was sie wirklich interessiert! Denn im Gespräch mit Kunden zählt nicht das auswendiggelernte Wissen, es zählt, welches Wissen ein Verkäufer mit Leben füllen kann! Nur dann ist er auch authentisch! Ich selbst habe Naturwissenschaften, Elektrotechnik und Betriebswirtschaftslehre studiert, hätte aber gerne noch Geschichte studiert, einfach weil ich daran ein hohes Interesse habe und mich gerne ein paar Jahre intensiv damit auseinandergesetzt hätte. Viele studieren Psychologie, um Menschen einschätzen zu können. Wenn Sie mich fragen, liegt man damit zu 70% falsch.

Um sich das, was der Verkäufer mit seinen Kunden besprochen hat, merken zu können, dient ihm natürlich ein CRM-System, aber ganz ehrlich, wenn ich nur zehn Kunden hab, dann weiss ich, was ich mit diesen zehn Kunden besprochen hab – ansonsten habe ich meinen Beruf sowas von verfehlt! Ich muss meine Kunden kennen, meine Pappenheimer. Ich muss wissen, ob der Kunde gerne Wein trinkt, wann er Geburtstag hat, ob er Familie hat und welche Hobbies er bevorzugt. Ich sage auch vielen, die mir nahestehen, gerne: „Danke, dass du mein Kunde bist." Es passiert mir wirklich nur sehr selten, dass ich jemanden vergesse, aber das kann passieren, wir sind alle Menschen. Doch wenn ich das feststelle, dann sage ich es auch. „Sorry, ich habe einen Fehler gemacht", Punkt! **Ich stehe zu meinen Fehlern, ehrlich, aufrichtig und offen.**

KAPITEL 12

URS MINDER
Leiter Verkauf Schweiz Emmi GL Schweiz

DIE ZUKUNFT VON VERKAUF UND EINKAUF HEISST PARTNERSCHAFT

Wer entscheidet denn am Ende über den Kauf? Wenn Sie mich fragen, ist das sicher nicht der Verkäufer. Die Stufe von Vertrauensaufbau, Beziehungsmanagement und Emotion – also die Verkäufer, die aufgrund der Beziehung zum Einkäufer verkauft haben – ist überwunden. Was nicht heisst, dass Beziehungen nicht mehr wichtig sind, aber viele Verkäufer merken gerade, dass das nicht mehr ausreicht.

In unserem Bereich – also kurzfristig haltbare Produkte wie Milch, Butter, Rahm – muss ich feststellen, dass die Kompetenz und Professionalität des Verkäufers eine immer grössere Rolle spielen. Und diese Änderung gibt der Kunde vor, denn dieser befindet sich in einem hart umkämpften Umfeld und muss deshalb selbst in seinen Markthandlungen immer professioneller und strategischer vorgehen.

DER VERKAUF VERSCHWINDET AUS DEM FOKUS

Daraus ergibt sich eine ganz neue Art von Zusammenarbeit, in der der Verkäufer den Kunden verstehen, beraten und ihm helfen können muss, bevor er tatsächlich zum Abschluss kommt. Das eigentliche Verkaufen verschwindet so aus dem Fokus.

1. Verstehen

Es wird immer wichtiger, dass der Verkäufer den Kunden versteht. Welchen Herausforderungen muss er sich tagtäglich stellen? Welche Risiken hat er zu tragen? Was ist seine Strategie? Hier ist betriebswirtschaftliches Wissen das A und O, denn der Verkäufer muss in der Lage sein, die Informationen in einen Zusammenhang zu bringen. Nur so ist er überhaupt in der Lage, mit dem Kunden Gespräche auf dieser Stufe zu führen.

> Es wird immer wichtiger, dass der Verkäufer den Kunden versteht.

2. Beraten

Wenn das Verständnis da ist, kann der Verkäufer den Kunden beraten. Dafür braucht er ausführliches Marktwissen: Was passiert gerade, welche Trends zeichnen sich ab, welche Veränderungen kommen auf den Kunden zu?

3. Kundennutzen stiften

Wer seinen Kunden versteht, der erkennt auch, wo die Zusammenarbeit dazu beitragen kann, Probleme zu lösen oder Marktpräsenz zu verbessern. So können gemeinsame Projekte gestartet werden, die zum Erfolg führen.

Um dafür gerüstet zu sein, bietet es sich auf jeden Fall an, eine betriebswirtschaftliche Ausbildung zu machen. Aber theoretisches Wissen ist nicht ausreichend. Um wirklich durchzusteigen, braucht es Erfahrung im Marketing und Verkauf. Wenn jemand zusätzlich noch Projektmanagementerfahrungen mitbringt, ist er super gerüstet.

> Aber theoretisches Wissen ist nicht ausreichend.

Das deckt sich ziemlich mit meinem eigenem Lebenslauf: Nach einer betriebswirtschaftlichen Ausbildung habe ich einige Jahre im Marketing mehrerer bekannter Unternehmen verbracht. Erst habe ich Produkt-Management-Aufgaben übernommen, später hatte ich meine erste Führungsposition als Marketingleitung und habe dann dazu die ersten Key Account-Erfahrungen gesammelt. Das war damals mein Einstieg in den Verkauf.

Im Verlauf meines Werdegangs wurde mir klar, dass Marketing alleine nicht genügt. Der Verkauf ist genauso wichtig und nicht nur das: Es empfiehlt sich nicht, beide Bereiche als voneinander getrennte, eigene Beschäftigungsfelder zu sehen. Beide bedingen einander.

> **Es empfiehlt sich nicht, Marketing und Verkauf als getrennte Beschäftigungsfelder zu sehen.**

In meiner beruflichen Vergangenheit war ich selbst Zeuge von Grabenkämpfen zwischen diesen beiden Bereichen: Marketing-Teams, die das Können der Verkäufer infrage stellten und anzweifelten, dass ihre Marketing-Kampagnen überhaupt richtig verstanden wurden. Dagegen stand die Sicht der Verkäufer, die der Meinung waren, dass die Marketing-Teams zu weit vom Markt entfernt seien und gar nicht wüssten, wie „richtiges" Verkaufen funktioniere.

Auch heute gibt es diese Auseinandersetzungen noch und das ist nicht nur schlimm, sondern auch hinderlich. Bei Emmi sind sich diese beiden Bereiche dagegen sehr nahe – und das kann ich nur befürworten. Man ist im Bilde darüber, was das Marketing entwickelt und bekommt nochmal ein Gefühl für den Endkunden am Point of Sale und den dort herrschenden Wettbewerb. Fragen bzgl. Kundennutzen, was bietet das Konzept dem Handel, welche Mehrwerte gibt es, welche Mitbewerber sind da, wie ist die Preispositionierung – das besprechen wir im Führungsgremium zusammen, sodass jeder Bereich sein Expertenwissen mit einbringen kann. Wer im Markt Erfolg haben möchte, muss gut zusammenarbeiten.

DER VERKAUFS-DREIKLANG

Jeden Monat legen wir für den Aussendienst genau fest, welche Ziele wir verfolgen. Diese sogenannten „Fokusaufgaben" verteilen wir dann – in Abhängigkeit von Marketingthemen und Prioritäten – auf drei unterschiedliche Gruppen:

Innendienst
Hier werden Offerten geschrieben, Excel-Listen mit Preistabellen gefüllt, Protokolle geschrieben und die Kundenhistorie festgehalten.

Aussendienst
Der Aussendienst übernimmt bei uns Verkauf am Verkaufspunkt, in Läden oder auch in Gastronomiebetrieben. Hier findet noch der echte, klassische Verkauf statt, der umsatzgetrieben ist. Der Aussendienst-Mitarbeitende wird prioritär am Umsatz gemessen.

Dieser Bereich wird immer unwichtiger. Für mich ist vorstellbar, dass es in Zukunft keinen festen Aussendienst mehr in Unternehmungen gibt und diese sich stattdessen nur bei Bedarf eine „Sales Force" anmieten. Diese Truppe könnte dann punktuell eingesetzt werden. In Ansätzen gibt es das heute schon. Diese Variante sollte aber nicht eingesetzt werden, wenn eine komplexe Kundenbeziehung und dazugehörige Gespräche entscheidend für den Erfolg sind. Es müssen Themen sein, die den Verkäufern in einer kurzen Schulung vermittelt werden können.

Key Accounting
Unsere Key Accounts übernehmen die strategisch und konzeptionell anspruchsvollen Kunden, denn hier ist differenzierte Beratungsfähigkeit gefragt:
- Marktdaten interpretieren und in einen grösseren Zusammenhang stellen
- nutzenorientiert argumentieren
- massgeschneiderte Angebote liefern

Das erfordert eine spezielle Ausbildung sowie eine ausführliche Kenntnis über den Kunden. Der Key Account ist mehr ein Lösungs- statt Produktverkäufer.

> Der Key Account ist mehr ein Lösungs- statt Produktverkäufer.

Die Professionalität der Händler wird zukünftig noch weiter ansteigen. Die Händler werden mehr und mehr eigene Strategien verfolgen müssen sowie sich selbst als Marke begreifen, damit sie nicht verdrängt werden und mehr Akteur statt Zuschauer sind. Beispielsweise Coop und Migros verstehen sich heute schon als eigenständige Marken und gehen marketingmässig schon lange diesen Weg.

UNTERSCHIEDLICH POSITIONIERTE PRODUKTE

Vor allem, weil ein paar unserer Produkte (z.B. Milch) relativ austauschbar sind. In diesem Fall entsteht unser Mehrwert für den Händler nicht aus dem Produkt, sondern aus unserer Service- und Dienstleistungsbereitschaft. Diese besteht bei uns aus stabiler Qualität, einwandfreier Logistik und hervorragender Beratung. Das können Marktinformationen

> Unser Mehrwert entsteht für den Händler nicht aus dem Produkt, sondern aus unserer Service- und Dienstleistungsbereitschaft

sein, die wir analysieren und in Beziehung setzen können, sodass der Kunde mit uns an seiner Seite erfolgreicher wird.

In diesem konzeptionell-strategischen Spiel müssen wir als Lieferanten mitdenken. Meiner Meinung nach ist in diesem Zusammenspiel auch noch sehr viel Potential nicht ausgeschöpft. Die Zusammenarbeit von Händler und Lieferant könnte beispielsweise so aussehen, dass engere Teams zusammengestellt werden, die gemeinsam Konzepte ausarbeiten und Projekte realisieren. Also konkret: Dass das Team gemeinsam Prozesse anschaut, die verbessert werden können, dass die Logistik besser verzahnt wird und Einkaufsvorteile im Sinne von einem Pooling genutzt werden. In dieser Art und Weise könnten entlang der Wertschöpfungskette Kostenvorteile herausgeholt werden, die dann im Team aufgeteilt werden.

> **Wenn diese Zusammenarbeit funktioniert und der Einkäufer zusammen mit dem Verkäufer Erfolg hat, dann „muss" man irgendwann gar nicht mehr verkaufen**

Die Ziele würde auch hier der Kunde/Händler vorgeben, die er zusammen mit uns dann in Projekte transferiert. Heute ist das noch nicht üblich, aber der Gedanke kommt immer mehr. Und für mich ist es natürlich so: Wenn diese Zusammenarbeit funktioniert und der Einkäufer zusammen mit dem Verkäufer Erfolg hat, dann „muss" man irgendwann gar nicht mehr verkaufen: Wenn es funktioniert, ist die Beziehung vom Erfolg getrieben.

HARDSELLING IST ÜBERHOLT

Das ist auch ein Grund, warum für mich das Thema „Hardselling" nicht funktioniert. Kurzfristig vielleicht, aber sobald der Einkäufer nicht wirklich zufrieden ist, fällt das System auseinander. Einkäufer und Verkäufer müssen zusammen erfolgreich sein, im Sinne von Geben und Nehmen. Und dafür muss man meiner Meinung nach langfristig zusammenarbeiten.

Auf der anderen Seite: Im Discountbereich wird das vermutlich nie der Fall sein. Hier entscheidet der Preis und das wird sich in Zukunft nicht ändern. Ein Aldi oder Lidl hat sehr klare Vorstellungen davon, was er möchte. Und dort, wo es Eigenmarken gibt, muss der Verkäufer Kostenführer sein, denn sonst gibt es immer irgendwann einen Mitbewerber, der billiger anbieten kann. Die Verpackungen bleiben ja dieselben – so kann der Händler das Produkt darin einfach austauschen.

> **Einkäufer und Verkäufer müssen zusammen erfolgreich sein, im Sinne von Geben und Nehmen.**

KAPITEL 13

PASCAL SEEGER
Sales und Marketing Director der Arval (Schweiz) AG

VERKÄUFER AUS LEIDENSCHAFT

Gelegentlich lohnt es sich, darüber nachzudenken, wie stabil die derzeitige Käufer-Kunde-Beziehung tatsächlich ist. Geht man in der Welt des Verkaufs ein Stück weit zurück – sagen wir, bis in die Nachkriegszeit –, finden wir in vielen europäischen Staaten eine für moderne Ver- und Einkäufer hochgradig unvertraute Situation vor: einen Verkäufermarkt.

Ein Verkäufermarkt ist dadurch definiert, dass die Nachfrage grösser ist als das Angebot, was in diesem Fall auf die zerstörten Produktionsmittel und verbrauchten Ressourcen des vom Krieg verwüsteten Europas zurückgeht. Die Verkäufer hatten auf diesem Markt also nicht in dem Sinne die Aufgabe, zu verkaufen – sie verteilten vielmehr das Wenige, das tatsächlich verfügbar war. Die einzige Wahl, die der Käufer hatte, war, das Angebot zum ausgeschriebenen Preis anzunehmen. Oder es sein zu lassen.

In den folgenden Jahrzehnten verschob sich die Gewichtung jedoch mehr und mehr zu einem Käufermarkt, in dem das Angebot die Nachfrage übersteigt. Der Käufer hat eine breite Fülle, aus der er nach Belieben wählen kann, und die Verkäufer müssen harte Arbeit leisten, um ihr Angebot in ein besonders günstiges Licht zu rücken. Das Prinzip des Verkäufermarkts kann man heute noch dort beobachten, wo Apple-Produkte verkauft werden: Man gewinnt den Eindruck, dass diese Artikel den Verkäufern förmlich aus den Händen gerissen werden, sodass es sogar zu Lieferengpässen kommen kann.

KEIN GLEICHGEWICHT IN SICHT

Ist dieser Prozess abgeschlossen? Ganz im Gegenteil: Es gibt immer mehr Produkte und Dienstleistungen, die Anzahl der Anbieter wird immer grösser, und der Verkauf als Ganzes wird zunehmend komplexer. Zugleich nimmt der Lebenszyklus der einzelnen Produkte und Dienstleistungen ab: Kam früher ein Produkt auf den Markt, befand es sich rund zehn Jahre dort, und der Verkäufer hatte ausreichend Zeit, Erfahrungen zu sammeln. Heute sind es vielleicht nur noch fünf Jahre, drei Jahre, zwei Jahre oder – im IT-Bereich – wenige Monate. Der Verkäufer muss also nonstop auf dem Laufenden sein.

> **Der Verkauf als Ganzes ist noch komplexer geworden.**

In meiner beruflichen Position kann ich die steigende Komplexität des Verkaufs gut beobachten: Seit 15 Jahren arbeite ich für die Arval (Schweiz) AG, und in dieser Zeit war ich im Verkaufsinnendienst und im Key-Account-Management tätig und hatte für über fünf Jahre die Leitung des Verkaufsinnendiensts (Accoout Managment) für die gesamte Schweiz inne. Seit drei Jahren bin ich Sales und Marketing Director und leite das Akquisitions-Team, das Account-Management, den Aussendienst sowie die Marketing-Abteilung.

Die Arval (Schweiz) AG ist ein Full Service-Leasinganbieter für Firmenfahrzeuge. Wir verfügen über 9.500 Fahrzeuge in der Schweiz. Wir bedienen kleine Firmen mit einem Bedarf von ein bis neun Fahrzeugen ebenso wie mittlere Unternehmen mit einem Fuhrpark von zehn bis 100 Fahrzeugen sowie etliche nationale und internationale Grosskonzerne.

DER SERVICE BOOMT

Früher entschied das Unternehmen darüber, welche Art von Fahrzeug und welche Ausstattung der Mitarbeiter bekam. Das Mitspracherecht des Fahrers – also des Mitarbeiters unseres Kunden – nimmt jedoch zu. Wo Mitarbeiter früher einfach froh gewesen sind, ein Firmenfahrzeug gehabt zu haben, muss heute auch der Service stimmen. Hinzu kommt, dass der Mitarbeiter heute auch ein Feedback zur Servicequalität äussern kann, und wenn er mit der Leistung, die ihm sein Arbeitgeber zur Verfügung stellt, nicht zufrieden ist, wechselt er diesen. Das kann er sich angesichts der niedrigen Arbeitslosigkeit in der Schweiz durchaus erlauben. Der Mitarbeiter hat also eine gewisse Macht gewonnen und zögert auch nicht, diese auszuüben. Das ist eine privilegierte Situation, die nicht immer ganz einfach zu handhaben ist, zugleich aber auch viele Möglichkeiten öffnet.

> **Das Mitspracherecht der Mitarbeiter des Kunden nimmt zu.**

Es ist nachvollziehbar, dass die Menschen Fahrzeuge wünschen, die zu ihren Bedürfnissen und Anforderungen passen – schliesslich sind sie vier, fünf Jahre lang tagtäglich darin unterwegs. Der Mitarbeiter nennt uns also seine Wünsche, und wir berechnen, was das komplette Fahrzeug inklusive aller Zusätze kostet:

- Finanzierung
- Service & Reparaturen
- Reifen
- Versicherung
- Steuern
- Treibstoff
- Ersatzfahrzeug.

Wir berechnen die Fahrzeugkosten im Monat, der Kunde bezahlt eine monatliche Rate und wir kümmern uns um alles: das gesamte Outsourcing des Flottenmanagements.

Mein Aufgabenbereich umfasst die Leitung des gesamten Verkaufs. Das ist zum einen die Neukundengewinnung, aber auch die Betreuung von Bestandskunden. Das bedeutet: Wenn die Akquisitionsabteilung einen neuen Kunden gewonnen hat, wechselt er zum Account-Management, wo er durch einen eigenen Account-Manager betreut wird. Die Account-Manager sind für die Offerten-Erstellung verantwortlich, für die Reklamationsbehandlung und für Besuche, die zwar vom Aussendienst durchgeführt, aber vom Innendienst vereinbart werden. Kurz gesagt: Das Account-Management ist die Schnittstelle zwischen dem Kunden und Arval.

HEUTE SCHON DA: DER KUNDE VON MORGEN

Was ich im Rahmen meiner Tätigkeit auf jeden Fall beobachte: Die Entscheidungsprozesse vieler Kunden sind länger und komplexer geworden. Früher vergingen von der Kontaktaufnahme zum Kunden bis zum Abschluss des Geschäfts drei bis vier Monate. Dieser Tage ist es nicht ungewöhnlich, wenn sich die Entscheidung sechs bis acht Monate hinzieht. Hinzu kommt, dass viele Unternehmen Konsolidierungen durchlaufen haben und jetzt zu grossen Konzernen gehören.

> Im Online-Verkauf begegnet man in der Regel keinem Verkäufer mehr.

Natürlich ist der moderne Kunde sehr gut informiert. Möchte er im Vorfeld etwas über ein Unternehmen oder ein Produkt erfahren, stehen ihm nicht nur soziale Medien offen, sondern auch diverse Foren und Lexika im Internet. Wo dem Kunden früher eine Auswahl verschiedener Standards vorlag, wünscht er heute massgeschneiderte Lösungen. Das beeinflusst die Beziehung zwischen Verkäufer und Käufer, auch, weil der Online-Verkauf stark zugenommen hat: Eine Sparte, in der man in der Regel überhaupt keinem Verkäufer mehr begegnet. Der typische Verkäufer, wie es ihn vor 20 Jahren noch gegeben hat, existiert praktisch nicht mehr.

HOCHDRUCKGEBIET VERKAUF

Wie wird der Verkäufer in 20 Jahren aussehen? Das ist ebenso wenig vorauszusehen wie das Wetter: Es steht fest, dass weitere gravierende Veränderungen anstehen, doch ein exaktes Bild zu zeichnen, ist so gut wie unmöglich.

Ich persönlich gehe davon aus, dass sich der Verkauf „einfacher" Produkte wie Bekleidung oder Nahrungsmittel in den kommenden Jahren zum grössten Teil ins Internet verlagern wird. Wir sehen das am Möbelhandel: Früher musste man ein Möbelhaus besuchen und sich vom Verkäufer zu seinen Möglichkeiten beraten lassen. Heute stellt man bei vielen Anbietern sein virtuelles Wohnzimmer online zusammen und ordert die Artikel mit einem Mausklick. Möglicherweise gibt einem das System sogar noch Tipps, wie sich die getroffene Auswahl geschmackvoll ergänzen lässt …

Das gleiche Prinzip sehen wir bei Autoherstellern wie Tesla, wo man ein Auto online konfigurieren und bestellen kann, um es sich vor die Haustür liefern zu lassen. Auch in diesem Bereich wird der reguläre Ladenverkauf mehr und mehr abnehmen. Die Verkaufsflächen werden sich in virtuelle Showrooms verwandeln, wie es

> **Der Verkäufer muss einen Mehrwert liefern, den das Online-Tool nicht liefern kann.**

schon jetzt vielerorts der Fall ist. Das heisst, der Verkäufer muss sich weiterentwickeln und dem Kunden einen Mehrwert liefern, welchen das Online-Tool nicht liefern kann, um weiterhin in diesem Umfeld überleben zu können.

NEUE KOMMUNIKATIONSKANÄLE

Meiner Meinung nach ist dieser Mehrwert die persönliche Beratung. Der Verkäufer betreut den potenziellen Kunden vor dem Verkauf umfassend und individuell, was mit einem reinen Online-Tool schlicht nicht möglich ist. An dieser Stelle muss der Verkäufer ein Vertrauensverhältnis zum Kunden aufbauen. So weiss der Kunde: Wenn er erneut bestellen will bzw. ein Problem oder eine Frage hat, ist es am einfachsten, sich wieder an den Verkäufer zu wenden. Ein solches Vertrauen entsteht jedoch nur, wenn der Kunde über den gesamten Verkaufsprozess hinweg Begleitung geniesst – vor, während und nach dem Kauf.

Daraus folgt, dass sich auch die Kunden verändern werden. Früher war es wichtig, persönlich vor Ort zu sein, um ein Problem zu lösen. Heute greifen Kunden mehr und mehr auf neue Medien zurück, um mit Unternehmen in Kontakt zu treten. Telefon-Hotlines werden schon seit Jahren genutzt, doch in den letzten Jahren kommen immer mehr soziale Medien hinzu, Troubleshooting per WhatsApp, Chatfenster auf Unternehmensseiten, Kommunikation über SMS ... Der Kunde nutzt diese Möglichkeiten bereitwillig, weil sie ihm unabhängig von Aufenthaltsort und Tageszeit zur Verfügung stehen.

NICHT ALLES VERKAUFT SICH VON ALLEINE

Ob noch Beratungsbedarf besteht oder nicht, hängt letztendlich vom Produkt ab. Handelt es sich um etwas Unkompliziertes, Einfaches, Alltägliches, braucht es zu dessen Distribution keinen Verkäufer, weil auch keine Beratung erforderlich ist. Kompliziertere Produkte und Dienstleistungen sind hingegen auf Verkäufer angewiesen, um an den Kunden gebracht zu werden. Diese Spaltung hängt direkt mit der wachsenden Individualisierung zusammen. Der „einfache" Verkauf wird sich auch weiterhin aus standardisierten Produkten und Dienstleistungen zusammensetzen, wohingegen das Premium-Segment immer individueller wird.

> **Komplizierte Produkte und Dienstleistungen sind auf Verkäufer angewiesen.**

Das sieht man bereits heute bei Banken und anderen Finanzdienstleistern: Wer Geld anlegen möchte, erhält eine individuelle Strategie für sein Portfolio. Wir werden zukünftig noch in weiteren Branchen beobachten, wie Leistungen individueller gestaltet und stärker auf Endkunden ausgerichtet werden. Und diese Ausrichtung muss auch verschiedene Bezugsgruppen innerhalb eines einzelnen Unternehmens einbeziehen.

WAS MÖCHTE DER MITARBEITER?

Wir haben vorhin festgestellt, dass die Mitarbeiter zunehmend auf ihr eigenes Mitspracherecht beharren. Der Mitarbeiter eines Kunden, welcher ein Firmenfahrzeug erhält, hat ein persönliches Mobilitätsbedürfnis. Dieses hängt beispielsweise davon ab, ob dieser Mitarbeiter in der Innenstadt, am Stadtrand oder komplett ausserhalb des Stadtgebiets wohnt. Darauf muss man eingehen können. Früher galt das Firmenfahrzeug als eine

Art Belohnung und Statusobjekt, heute hingegen wünschen sich viele junge Mitarbeiter eher ein Generalabonnement für die öffentlichen Verkehrsmittel. Diese Veränderungen zeigen sich überall, werden aber noch viel zu wenig berücksichtigt.

> **Alles, was nicht komplex ist, übernehmen Roboter und Algorithmen.**

Es ist eine simple Rechnung – der Job des Verkäufers wird viel komplexer werden, denn alles, was nicht komplexer wird, übernehmen früher oder später Roboter und Algorithmen. Auch persönliche Aspekte spielen eine Rolle, welche Computer vermutlich nie nachbilden können. Eine gute Sozialkompetenz in Kombination mit Know-how ist ein effektiver Mehrwert gegenüber dem Online-Verkauf.

Ich denke, der Verkäufer von morgen muss – und das ist letzten Endes für jeden Beruf von Bedeutung – eine gewisse Leidenschaft mitbringen. Er muss neugierig sein und sich stetig neu informieren, und das kommt quasi von selbst, wenn er für seine Tätigkeit brennt. Der Verkäufer besucht Schulungen, liest sich neues Wissen an, besucht Trainings und bleibt up to date. Nicht, weil er dazu vertraglich verpflichtet ist oder die Vernunft es vorschreibt, sondern weil es ihm Spass macht. Hinzu kommt eine hohe Flexibilität, die ihn befähigt, auf die Wünsche des Kunden einzugehen.

MIT WEM SPRECHE ICH?

Dann darf man nicht vergessen, dass beratungsintensiver Verkauf häufig bei Personen stattfindet, die eine hohe Stellung im Unternehmen einnehmen oder für komplexe technische Belange zuständig sind. CEOs oder Fachabteilungsleiter beispielsweise. Mit diesen Personen muss auf Augenhöhe diskutiert werden können, was Fachkenntnisse in Bezug auf Finanzen, Bilanzen, Allgemeiwissen und ähnliche Themen voraussetzt.

Es stellt sich die Frage, welche Ausbildung ein Mensch absolvieren soll, um als Verkäufer alle diese Anforderungen zu erfüllen. Darauf gibt es keine klare Antwort: Es hat viel mit der individuellen Persönlichkeit zu tun. Ein Wirtschaftsstudium ist sicher eine gute Ausgangslage und versetzt den Verkäufer in die Lage, sich mit verschiedenen Personen unterhalten zu können. Bevorzugt man jedoch, in der IT-Branche im Aussendienst tätig zu sein, ist eine IT-Ausbildung vermutlich sinnvoller.

PRAXIS VS. THEORIE

Letzten Endes ist es nicht entscheidend, ob man ein bestimmtes Studium absolviert hat oder nicht. Wer bis zum dreissigsten Lebensjahr studiert und sich womöglich ein grosses Know-how angeeignet hat, wird es vermutlich trotzdem schwer haben, eine Stelle zu erhalten, da er keine Praxiserfahrung vorweisen kann. Deshalb kommen die Kräfte, die in unserem Aussendienst arbeiten, erst einmal für ein oder zwei Jahre in die Akquisitionsabteilung. Dort können sie Telefonate führen, Offerten erstellen, Ausschreibungen berechnen – kurz, das System und das Unternehmen von Innen kennenlernen. Dann siedeln sie in den Verkaufsinnendienst über und lernen in weiteren zwei, drei Jahren das Handwerk mit den Bestandskunden. Wenn sie anschliessend in den Aussendienst wechseln, sind sie seit fünf, sechs Jahren Teil der Firma und kennen die Produkte und Dienstleistungen in- und auswendig.

Die steigende Komplexität zwingt den Verkäufer, sich genau mit den Werkzeugen auseinanderzusetzen, die er verwendet: Welche Möglichkeiten bietet ihm zum Beispiel das IT-System?

Beim Kunden braucht der Verkäufer eine ausreichende Kompetenz, um keine Leistungen zu versprechen, die den Rahmen des Machbaren sprengen. Bei Arval eignet sich der Verkäufer dieses dringend nötige Fachwissen an, indem er verschiedene Stationen im Unternehmen durchläuft. Wohlgemerkt – der Verkäufer bringt es nicht mit, sondern erhält das Fachwissen von uns, nachdem wir uns davon überzeugt haben, dass er das Zeug zum Verkäufer hat.

WORAN ERKENNT MAN EINEN VERKÄUFER?

Je nach angestrebter Position Arbeiten wir mit professionellen Assessments und Persönlichkeitsanalysen. Wir überprüfen Belastbarkeit, Sozialkompetenz sowie Selbst- und Fremdbild, führen eine 360°-Betrachtung durch, suchen nach Verbesserungspotenzial und besprechen diese Punkte anschliessend sehr intensiv mit dem Bewerber.

Letzten Endes gibt es jedoch nur eine Möglichkeit, Gewissheit zu haben, ob ein Mensch zum Verkäufer geboren ist: Man lässt ihn verkaufen. Neue Mitarbeiter gehen bei Arval einen kurvenreichen Weg durch verschiedene Abteilungen, damit wir beobachten können, ob sie für die neuen Herausforderungen bereit sind oder ob sie sich noch weiterentwickeln müssen. Wer Leidenschaft für das Verkaufen mitbringt, wache Neugier, gesunden Menschenverstand, eine gewisse Cleverness und Verständnis für das, was verkauft wird, besitzt – und die Branche kennt, in der er sich bewegt – hat die besten Voraussetzungen.

DER KUNDE IST AUCH NUR EIN MENSCH

Deutlicher kann ich es nicht sagen: Ich liebe das Verkaufen. Ich begleite unsere Verkauf-Teams gerne zu einem unserer Kunden oder zu potenziellen Neukunden. In meiner Funktion muss man wissen, was am Markt los ist, und zuhören was der Kunde will. Man darf nie vergessen, dass der Kunde der wichtigste Aspekt des gesamten Verkaufsprozesses ist. Der Kunde hält das Unternehmen am Leben! Daher ist es sehr wichtig, ihm von Zeit zu Zeit face to face gegenüberzutreten.

> Der Kunde hält das Unternehmen am Leben.

Mit vielen Kunden pflege ich ein langjähriges Verhältnis, und so ergibt sich auch ein gewisses Vertrauen. Der Kunde weiss: Wenn es ein Problem gibt, ruft er uns an und erhält sofort die nötige Hilfe. So etwas ergibt sich natürlich nicht von heute auf morgen. Ganz am Anfang einer Verkaufsbeziehung ist es meistens der Preis, welcher über Erfolg oder Misserfolg entscheidet. Hat man einen Kunden jedoch erst einmal für sich gewonnen, kann man mit peripheren Leistungen überzeugen. Wie gut man als Anbieter ist, wie kompetent die Mitarbeiter sind, wie schnell der Service ist. Gibt es später wieder eine neue Ausschreibung, ist man vielleicht nicht mehr der günstigste Anbieter, erhält aber dennoch den Zuschlag des Kunden, welcher weiss, wo er gut betreut wird.

Kommunikation ist im Verkauf (fast) alles. Und auch Führen ist Kommunikation: Wer abschätzen kann, wohin sich die Leute entwickeln, und sie vielleicht auch ein Stück weit auf der persönlichen Ebene kennenlernt, erkennt auch die internen Bedürfnisse und kann sie adressieren. Im Grunde ist es sehr einfach:
- Glückliche Mitarbeiter = Glückliche Kunden
- Glückliche Kunden = Glückliche Mitarbeiter

HEUTE SCHON DA:
DER VERKÄUFER VON MORGEN

> **Die grösste Gefahr für den Verkäufer ist, dass er austauschbar wird.**

Und damit sind wir wieder beim Käufermarkt angekommen. Dem Verkäufer steht heute ein gewaltiger Wettbewerb gegenüber, und in dieser Masse ist für ihn die grösste Gefahr, dass er austauschbar wird. Um dem Kunden im Gedächtnis zu bleiben, muss man nicht nur durch sein Angebot überzeugen, sondern auch durch seine Persönlichkeit. Der reine Verkauf des Produkts oder der Dienstleistung ist nur der erste Schritt. Anschliessend folgt die Kundenpflege, die aus Beratung, Unterstützung, Gesprächsbereitschaft, direkter Interaktion und menschlichem Interesse besteht.

Ein Verkäufer, der dies vorweisen kann, muss im Grunde genommen keine Arbeit mehr in den Aufbau einer guten Kundenbeziehung investieren – sie entsteht von alleine. Der leidenschaftliche Verkäufer kümmert sich um seine Kunden, weil es seinem Naturell entspricht – nicht, weil er sich Gewinn davon erhofft. Macht er alles richtig, stellt sich der Gewinn ebenfalls von alleine ein.

Zudem ist er so seiner Konkurrenz immer eine Nasenlänge voraus, unabhängig davon, wie sich der Markt in Zukunft entwickelt.

KAPITEL 14

ADRIAN NÄF
Leiter strategisches Account Management der Neuen Zürcher Zeitung

DAS NÖTIGE FINGERSPITZENGEFÜHL

Bereits mein ganzes berufliches Leben dreht sich ums Verkaufen im Medienbereich. Nachdem ich meine Ausbildung gemacht hatte, bin ich erst in die Vermarktung vom Schweizer Fernsehen eingestiegen, danach ging's zum Printmedium, dem ich bis heute treu geblieben bin. Zuerst war ich selbst als Key Account Manager aktiv, später kam dann meine erste leitende Position dazu. Heute habe ich die Führung von sechs Key Accounts zu verantworten. Hinzu kommt die Koordination und die Ausarbeitung neuer Angebote für unsere 40 bis 50 grössten Kunden.

Die Aufgabe meiner Key Account Manager ist, die Werbeplätze in und rund um die Neue Zürcher Zeitung zu besetzen. Darin betreuen wir verschiedenste Unternehmungen. Aufgrund der Positionierung der NZZ kommen viele unserer Kunden aus den Bereichen Banken, Uhren, Finanzen, Wirtschaft und aus dem hochpreisigen Segment der Automobilindustrie. Unsere Arbeitsweise ist folgende: Meine Key Accounts sind Ansprechperson Nummer eins für unsere Kunden. Bei Meetings, wenn es beispielsweise um Jahresverhandlungen geht, sind Vorgesetzte wie ich, bis hoch auf CEO-Level, bei den Gesprächen dabei – also immer dann, wenn es um grössere Deals geht. Ansonsten meistern meine Verkäufer beinahe alles alleine und übernehmen für die daraus resultierende Performance auch die Verantwortung.

DIE PRINT-METAMORPHOSE

Die Zeitung an sich ist ein Format, das seit ein paar Jahren einen strukturellen Wandel durchläuft. Das stellt uns vor grosse Herausforderungen, weil der Markt extrem in Bewegung ist. Die Digitalisierung der Printmedien hat viele Veränderungen mit sich gebracht. Weil die Leser ihre Konsumgewohnheiten ändern, wachsen immer neue Plattformen aus dem Boden, die ihnen immer mehr Möglichkeiten bieten. Dadurch findet das Lesen immer häufiger online statt. Aus diesem Grund ist es für eine klassische Zeitung nicht gerade einfach, mitzuhalten. Der Leser hat die Wahl, verschiedenste andere Zeitungen – online sogar gratis – zu konsumieren.

> Die Zeitung durchläuft seit ein paar Jahren einen strukturellen Wandel.

Um in diesem Wettbewerb bestehen zu können, fokussieren wir uns auf unsere Kernkompetenz: die Publizistik. Was macht die NZZ aus und deshalb besonders im Gegensatz zu anderen Zeitungsformaten? Welchen Mehrwert können wir dem Leser bieten und wie lässt sich dieser Mehrwert bei unseren Werbekunden besser vermarkten? Das Ergebnis dieser beiden Fragestellungen ist, dass die NZZ hochwertigen Journalismus bietet. Das ist auch das Auflagenargument Nummer eins und der Grund, warum wir immer noch sehr viele Leser haben. Das bedeutet aber auch, dass der NZZ-Leser sehr anspruchsvoll ist und der Werbung sowohl affin als auch kritisch gegenübersteht.

Deshalb kämpfen wir um jeden unserer Werbekunden. Der Druck, der dabei im Printsegment auf der Verkaufsbranche lastet, hat sich in den letzten Jahren extrem erhöht. Verantwortlich dafür ist, dass der Printanteil schrumpft, was sich in stagnierenden oder sogar rückläufigen Investitionen äussert.

Ausserdem sind viele Märkte meiner Meinung nach gesättigt. Daraus ergibt sich, dass die Anforderungen heute andere sind. Beispielsweise ist es schon schwierig geworden, dem Kunden die eigenen Produkte überhaupt präsentieren zu dürfen. Etats sind oft schon verplant oder die Gewichtung bei der Investition in Werbemassnahmen passt nicht mit dem jeweiligen Angebot zusammen, aber auch die Zeit des Kunden, um sich damit zu beschäftigen, ist ein Faktor, der schrumpft. Was heisst das für meine Verkäufer? Sie brauchen im Vergleich zu früher noch mehr Durchhaltewillen und Durchsetzungsvermögen. Darüber hinaus sehe ich es als unabdingbaren Vorteil an, wenn sie mit einer positiven, also einer optimistischen Grundeinstellung an den Kunden herantreten. Nur so haben sie zumindest ansatzweise eine Chance, beim Kunden landen zu können.

ERFOLGSFAKTOR SYMPATHIE

Ob Verkauf funktioniert oder nicht, wird in den nächsten Jahren noch mehr als bisher auf die Person des Verkäufers zurückzuführen sein. Er muss definitiv nahbarer werden. Denn viele Produkte werden oft austauschbar, dazu steigt der Wettbewerb, deshalb wird es immer schwieriger, sich von der Konkurrenz abzuheben. Ist der Verkäufer den Kunden sympathisch, mit seinem Charakter, seinem Auftreten und seinem Know-how, entscheidet das situativ eher darüber, ob ein Geschäft zustande kommt, als die Leistung an sich. Zentral ist deshalb, dass der Verkäufer sein Netzwerk pflegt und sich dafür viel Zeit nimmt. Denn ein gutes Netzwerk hebt einen auch mal über konjunkturschwache Phasen hinweg.

Um dafür ein Beispiel aus unserem Bereich zu nennen: Wenn wir eine Sonderbeilage haben, in der noch eine Seite besetzt werden muss, die nicht gerade preiswert ist, hat der Verkäufer einen immensen Vorteil, der gute Connections hat. Die kann er dann unter dem Motto: „Lieber Kunde, ich brauche noch eine Anzeigenseite und habe zeitlich etwas Druck, weil bald Anzeigenschluss ist – komm, das ist doch das optimale Umfeld für dich?", ansprechen. Wenn ich in diesen kritischen Momenten nicht die nötigen Kontakte habe, dann werde ich als Verkäufer keinen Erfolg haben.

Ein gutes Netzwerk hängt von einigen Stellschrauben ab:
- Wie pflegt der Verkäufer die Kunden?
- Ist er in der Lage, ihnen ein gutes Gefühl zu vermitteln?
- Wie hochwertig ist das Produkt?
- Ist der Verkäufer authentisch?
- Wie hoch ist seine Produktidentifikation? Wer häufig von Produkt zu Produkt wechselt, macht sich bei seinen Kunden unglaubwürdig.
- Und wenn es zu Problemen kommt: Wie schnell meldet sich der zuständige Verkäufer? Und wie kulant ist er dabei?

Zusammenfassend: Das Gesamtpaket muss stimmen.

ERFOLGSFAKTOR SERVICEQUALITÄT

Zu diesem Gesamtpaket gehört neben einer selbstverständlich sehr guten Qualität natürlich auch ein herausragender Service. Dieser kann oft zum entscheidenden Faktor werden, wenn der Kunde eine ähnliche Qualität an anderer Stelle und eventuell sogar noch günstiger bekommen kann. Also wird besonders dem Bereich Service verstärkt Aufmerksamkeit zuteil werden müssen. Konkret bedeutet das: Wie pflegt man eine gute partnerschaftliche Beziehung? Wie geht man mit Reklamationen um und wie gut ist die eigene Reakti-

> **Wie pflegt man eine partnerschaftliche Beziehung?**

onszeit? Nur wer hier die Messlatte kontinuierlich höher hängt und an sich selbst hohe Ansprüche hat, kann sich in Zukunft von der breiten Masse abheben.

Für eine langfristig gute Zusammenarbeit ist es zentral, dass der Verkäufer für seine Kunden eine Perspektive entwickelt. Dabei gilt zu eruieren, wo der Kunde zurzeit steht, wo es noch Ausbaupotenzial gibt und wo die Reise hingehen kann. Ein entsprechend koordinierter und strukturierter Kundenbearbeitungsprozess ist unverzichtbar, weil wir uns in einer extrem schnelllebigen Zeit befinden. Die Kunden wünschen sich genauso wie man selbst Sicherheit in der Zusammenarbeit. Wenn man also den Kunden an dieser Stelle längerfristig eine gute Perspektive und eine vertrauensvolle Zusammenarbeit bieten kann, dann beruhigt das beiderseits. Ausserdem bietet diese Vorgehensweise zusätzliches Ausbaupotenzial.

Wenn es um die strategische Definition der Zusammenarbeit mit den Kunden geht, holen wir heute schon unsere zuständigen Key Account Manager bei den Gesprächen hinzu. Erstens gibt es den Kunden Sicherheit, wenn jemand, den sie kennen und dem sie vertrauen, dabei ist. Zweitens kennt niemand die Kunden besser als der zuständige Key Account Manager. Er weiss sehr genau, was für die Kunden interessant sein könnte. Damit meine Verkäufer hier stets den entscheidenden Schritt voraus sind, halte ich sie dazu an, ihre Kunden möglichst genau kennenzulernen. Sie sollen wissen, wer ihre Kunden sind, welche Pläne diese haben und in welche Richtung sie zukünftig gehen möchten. Diese Informationen tragen wir zusammen und lassen sie für den Kunden gewinnbringend in unsere Angebote mit einfliessen.

„I've learned that people will forget what you said, people will forget what you did, but people will never forget how you made them feel." – Maya Angelou

ERFOLGSFAKTOR EHRLICHKEIT

Ich glaube, die Grundvoraussetzungen für den Verkauf sind heute noch genau dieselben wie sie es vor hundert Jahren gewesen sind – und auch in hundert Jahren immer noch sein werden: Ein guter Verkäufer muss primär Menschen mögen und zwar Menschen verschiedenster Couleur. Unterschiedliche Charaktere sind für ihn immer wieder eine Herausforderung, der er sich gerne stellt. Er brennt darauf, seine Kunden und deren Business nicht nur kennenzulernen, sondern jede Information in sich aufzunehmen und zu monetarisieren. Deshalb hört er seinen Kunden aufmerksam zu und nimmt sich dafür auch die nötige Zeit. Im Gespräch mit dem Kunden ist er ehrlich und spricht Klartext, drückt sich dabei aber gewandt und der jeweiligen Situation entsprechend aus. Er wird seinen Kunden bei Problemen zur Seite stehen und alles dafür tun, um diese zufriedenstellend zu lösen. Und weil das so ist, bildet es die Basis für eine gute Zusammenarbeit. Er wird seine Kunden niemals mit einer 08/15-Lösung abspeisen oder die Individualität seiner Kunden unterschätzen. Stattdessen agiert er mit geringer Reaktionszeit nah an den Bedürfnissen des Kunden und sichert sich so Wettbewerbsvorteile. Ein guter Verkäufer ist zusammenfassend dazu in der Lage, seinen Kunden ein gutes Gefühl zu geben. Wer da kein Menschenfreund ist und nur an seine Provision denkt, ist sehr wahrscheinlich nicht allzu lange im Verkauf tätig.

Doch selbst, wenn er das alles mitbringt, muss er immer noch nicht der geborene Verkäufer sein. Vielleicht ist er rhetorisch nicht gewandt genug, das kann man lernen. Es ist dem Wandel der Zeit geschuldet, dass sich ein Verkäufer der ganzen Klaviatur der Kommunikation und Präsentationsmöglichkeiten bedienen können muss und ihre Anwendung beherrschen sollte. Die technischen Möglichkeiten heutzutage sind riesig, und wer da nicht auf der Höhe ist, der hat's auch schwieriger.

Andere Verkäufer scheitern daran, dass ihre Leistungsbereitschaft nicht hoch genug ist, denn der Beruf des Verkäufers verlangt einem enorm viel ab. Er muss einem hohen Leidens- und Leistungsdruck standhalten können und sich all dessen bewusst sein. Vielleicht fällt es ihm aber auch schwer, proaktiv auf Menschen zuzugehen, weil er nicht extrovertiert genug ist. Too much darf es aber auch nicht sein und auf diesem schmalen Grat zwischen „Was ist angemessen", „Was ist zu wenig" und „Was ist zu viel" zeigt sich, was einen guten Verkäufer ausmacht: Er braucht wirklich Fingerspitzengefühl und muss feinste Schwingungen aufnehmen können. Manchmal ist weniger mehr. Bei anderen Kunden muss er auf sie zugehen und sie aus der Reserve locken. Dieses gewisse Feeling sollte ein Verkäufer mitbringen.

> **Ein Verkäufer muss feinste Schwingungen aufnehmen können.**

ERFOLGSFAKTOR VERTRAUEN

Die fragile Beziehung zwischen Verkäufer und Kunde hat enorm viel damit zu tun, inwieweit die Kunden dem Verkäufer vertrauen. Ein Grundvertrauen sollte der Verkäufer schon beim Erstgespräch erschaffen, es aufrechtzuerhalten und zu festigen, erfordert jedoch Zeit und Mühe. Dabei ist es natürlich von Vorteil, wenn sich Verkäufer und Kunden grundsätzlich sympathisch sind. Das ist nicht jedes Mal der Fall und ist auch kein Muss. Wichtiger ist, dass, wenn Verkäufer und Kunde sich mal nicht direkt grün sind, die Beziehung trotzdem auf einer hochprofessionellen Art und Weise geführt werden kann. An dieser Stelle kommen andere Attribute zum Tragen wie z.B. der bereits angesprochene herausragende Service, mit dem der Verkäufer seine Kunden an sich binden kann. So kann er dem Kunden trotzdem ein gutes Gefühl vermitteln, sodass dieser denkt: „Okay, mit dem Herrn XY werde ich nie zusammen in den Urlaub fahren, aber die Produkte, für die er einsteht und die er mir verkaufen möchte, die scheinen gut zu mir zu passen. Also buche ich bei der NZZ."

Doch wenn ein Verkäufer seine Kunden tatsächlich hegt und pflegt, werden früher oder später und ganz automatisch auch persönliche Komponenten in die Beziehung mit einfliessen. Beispielsweise, wenn Kundenberater und Kunde ein gemeinsames Mittagessen einnehmen. Im Gespräch erfährt er dann vielleicht vom Kunden, dass er in seiner Freizeit gerne verreist oder unglaublich gerne Ski fährt. Das sind eigentlich kleine Details, die der Kunde seinem Kundenberater anvertraut, sie stehen aber für das herrschende Vertrauensverhältnis. Deshalb muss er in diesen Momenten das nötige Interesse für seinen Kunden haben, um sich diese Details auch zu merken – oder er nutzt dafür ein CRM-System, in dem er sich dieses Wissen notiert, sodass es nicht in Vergessenheit gerät.

> **Der Verkäufer muss das nötige Interesse für seinen Kunden haben.**

Sobald eine solche Vertrauensbasis herrscht, wird es für den Verkäufer wesentlich einfacher, seine Kunden abzuholen. Beispielsweise, wenn etwas schiefgeht. Natürlich soll das nicht passieren, aber wir sind alle nur Menschen und da kann sowas durchaus mal vorkommen. Hier hilft es ungemein, wenn der Verkäufer die Situation auflockern kann, beispielsweise indem er mit einem Augenzwinkern sagt: „Ach komm, jetzt steht das Wochenende vor der Tür, dann kannst du deinen Frust auf dem Fahrrad rauslassen", wenn er weiss, dass sein Kunde gerne

Fahrrad fährt. Vielleicht lachen dann beide und was passiert ist, verliert an Tragweite.

Der Verkäufer braucht im Gegenzug eine gewisse Bereitschaft zur Offenheit, um auch etwas von sich preiszugeben. Zudem ist sein Beruf nicht immer komplett von seinem Privatleben trennbar. Hier braucht er wieder sein bereits erwähntes Fingerspitzengefühl: Welcher Kunde erwartet eine gewisse Distanzeinhaltung und welcher Kunde legt dagegen Wert darauf, mit dem Verkäufer eine persönliche Ebene zu erreichen? Hinzu kommt, dass es immer wieder Situationen gibt, in denen ein Verkäufer abends noch involviert oder beschäftigt ist.

Meiner Erfahrung nach ist es schon machbar, das eigene Privatleben vom Geschäft zu trennen, und trotzdem gibt man ein Stück weit etwas von sich preis. Das ist aber ganz gezielt steuerbar. Ich kann mir also überlegen, bei welchem Kunden ich auf einer persönlichen Ebene wie viel von mir selbst preisgebe. Und dann gibt es noch Kunden, die erwarten das zum Beispiel gar nicht – da geht es dann wirklich nur ums Business und um die harten Fakten. Meistens beruht es also auf Gegenseitigkeit, wenn eine private Ebene zwischen Verkäufer und Kunde entsteht. Ab diesem Punkt empfindet das kein Beteiligter mehr als lästig oder schlimm.

> **Ob man etwas von sich preisgibt, ist gezielt steuerbar.**

VERKAUFEN: EINE DRUCKTECHNIK

Die Verantwortung, die auf den Verkäufern lastet, wächst zunehmend. Wenn der Druck innerhalb der Mediengattung zunimmt, machen sie den Unterschied zwischen Produkt A oder Produkt B aus. Ein Verkäufer, der sich dessen bewusst ist, dass seine Performance wesentlich darüber mitentscheidet, ob Umsätze wegbrechen oder bestehen bleiben und ob somit in letzter Konsequenz Arbeitsplätze reduziert oder geschaffen werden und der seinen Einfluss auf das gesamte Unternehmen erkennt, agiert wesentlich bedachter und ergebnisorientierter. Wer sich seiner Rolle bewusst und dem Druck gewachsen ist, indem er sich davon im richtigen Moment abzugrenzen weiss, hat die Zukunft des Unternehmens im Blick, möchte seinen Teil zum Erfolg beitragen und ist für mich ein Top-Verkäufer, den es an das Unternehmen zu binden gilt.

Mein Fazit: Die Qualität des Produktes und/oder der Preis des Angebotes sind entscheidend – die Produktidentifikation unabdingbar. In einem hart umkämpften Konkurrenzumfeld macht die Person des Verkäufers die Differenz.

DANKSAGUNG

MEIN BESONDERER DANK FÜR DIESES BUCH GEHT AN:

- **Adrian Näf**, NZZ
- **Armin Baumann**, KMU SWISS
- **Daniel Moschin**, Microsoft
- **Daniel Périsset**, Samsung
- **Fredy Portmann**, Swisscom
- **Jürg Stupp**, Helsana
- **Marcel Burkart**, UP-GREAT
- **Pascal Seeger**, Arval
- **Peter Zeier**, SBB (Schweizerische Bundesbahnen)
- **René Gonthier**, Neopost
- **Roger Wüthrich-Hasenböhler**, Swisscom
- **Sandro Cattaneo**, Odlo
- **Urs Minder**, Emmi

Für die spannenden Einblicke in ihre Arbeit und Berufung.

Uwe Tännler (SMC und V-Zug) für das tolle Vorwort und die wertvolle Unterstützung des SMC.

Meinen Freund und Mentor **Bruno Graf**, Trainer und Mitglied des Club 55, für seinen Glauben an mich und mein Können.

Meine Frau **Marlen** für die unendliche Geduld und liebevolle Begleitung.

Meine Schwiegermutter **Hanni** für die kurzweiligen Stunden mit Schweizer Weisswein.

Das **werdewelt-Team** für die tolle Arbeit und die Nachteinsätze.

HERAUSGEBER

Ⓜ MENYHART
…verkauft!

DIETER MENYHART
VERKAUFSEXPERTE UND -TRAINER

„Machen Sie Verkauf zu Ihrer Leidenschaft!"

Keine Tätigkeit steht so im Fokus der Wirtschaft und entscheidet über Erfolg oder Misserfolg eines Unternehmens wie der Verkauf. Um diesen Erfolg zu sichern, braucht es vor allem die richtige Einstellung. Dieter Menyhart, der Verkaufstrainer, weiss, worauf es im Verkauf ankommt. Er sagt von sich: „Ich habe in meiner eigenen Verkaufstätigkeit oft Fehler gemacht. Gleichzeitig habe ich es wieder und wieder versucht, bis ich mein Können dank Verkaufstrainings und Praxiserfahrung so ausgebaut hatte, dass sich der unvermeidliche Erfolg einstellte."

Heute gibt der Schweizer sein Erfolgswissen als Verkaufstrainer in seinen Vorträgen, Verkaufstrainings und Seminaren an andere weiter. Er möchte dabei unterstützen, die eigenen Produkte in einer immer komplexeren und undurchsichtigeren Welt an die richtigen Menschen zu bringen. Und zwar über die Kanäle, die maximalen Erfolg versprechen.

„Praxisbezug und Nachhaltigkeit" sind bei ihm keine leeren Worthülsen, denn: Er ist der einzige Trainer in der Schweiz, dessen Teilnehmer auf Wunsch mit echten Entscheidern trainieren können. Je nach Zielgruppe finden Rollenspiele mit echten Einkäufern, CIOs und CEOs statt. Und nach dem Training? Da steht er seinen Teilnehmern ganze 365 Tage zur Seite, ob per E-Mail oder Telefon.

www.menyhart.ch